법공 스님이 들려주는 불교이야기

불교공부 마음공부

글 김화 법공

도서출판 코레드

초청의 글

한 권의 포교도서는
한 분의 부처님

법공스님이 부처님의 생애를 일화 중심으로 살피고 일반 불자들이 진리의 말씀을 이해하기 쉽도록 포교도서로 엮어냈습니다.

이 책을 읽다가보면 우리 곁에서 부처님이 함께 계신 것처럼 그 숨결과 자애로운 모습을 상상할 수 있을 정도로 가까이 다가오심을 느끼게 됩니다.

타 종교보다 우리 불교교단에서는 계층 포교자료 개발과 보급에 그동안 무관심했던 것이 사실입니다. 뜻있는 재가불자들이 교육과정 편제에 맞게 어린이 청소년들의 교육 교보재를 만들고 사비로 제작하여 보시하는 일이 전부인 것처럼 뚜렷한 계층 포교용 대중 도서가 필요한 시점입니다.

이러한 시대적 필요성을 감안하여 법공스님이 그동안 초발심 불자들에게 길잡이가 될 수 있는 '부처님의 생애로 살펴본 불교이야기'를 펴냈습니다. '불교가 배우기 어렵고 이해하기 힘든 종교라는 생각을 지워도 좋을 만큼 쉽고 간결한 문장으로 엮어져 있습니다. 그리고 제 2권은 우리 초발심 수행자들이 절 마당에서 처음 들어섰을 때 맞게 되는 전각과 탑, 사물, 의식, 예절등 불자들이 꼭 알아야 할 상식을 상세하게 설명하고 안내하는 지도서로 만들었습니다.

한 권의 포교도서는 한 분의 부처님을 모시는 것처럼 소중하고 신심으로 권하는 많은 원력이 담겨 있습니다.

이 책을 통해 불교를 처음 만나는 초발심 불자들은 소중한 인연의 가피를 누리시기 바라며, 부처님의 자비 은혜가 충만한 일상이 되시길 빕니다.

불기 2563(2019)년 정월 초하루
아산 보문사 회주

송운 현보

목 차

Ⅰ. 우리나라 불교의 역사와 전래 ● 10
1. 삼국시대의 불교 ● 14
2. 고려시대의 불교 ● 17
3. 조선시대의 불교 ● 19

Ⅱ. 불교의 주요 경전과 계율 ● 22
1. 경전의 구분 ● 25
   (1) 팔리5부 경전중 장부33경 (2) 팔리5부 경전중 중부152경
   (3) 팔리5부 경전중 상응부56경 (4) 팔리5부경전중 중지부 2,198경
   (5) 팔리 경전중 소부 5경
2. 초기경전과 법장의 세계 ● 29
   (1) 아함경(阿含經) (2) 본생경(本生經) (3) 육방예경(六方禮經)
   (4) 옥야경(玉耶經) (5) 육도집경(六度集經) (6) 사십이장경(四十二章經)
   (7) 미란타왕문경(彌蘭陀王聞慶)
3. 주요 대승경전의 얼개와 개요 ● 39
   (1)반야경(般若經)
      1)반야바라밀다심경(盤若波羅密多心經)
      2)금강반야바라밀다심경(金剛盤若波羅密多心經)
   (2)법화경(法華經) (3)화엄경(華嚴經) (4)정토삼부경(淨土三部經)
   (5)유마경(維摩經) (6) 수능엄경(首楞嚴經) (7)원각경(圓覺經)
   (8)열반경(涅槃經) (9)지장본원경(地藏本願經) (10)부모은중경(父母恩重經)
   (11)천수경(千手經)

Ⅲ. 불교의 계율(戒律) ● 56
1. 삼귀의와 5계 ● 59
2. 사미10계 ● 61
3. 근본 계율 네 가지 ● 62
4. 열 가지의 대승계 ● 64
5. 팔관재계(八關齋戒) ● 65
6. 부처님의 12연기설 ● 67

Ⅳ. 불상(佛像)의 존칭과 이름 • 72

1. 석가모니불(釋迦牟尼佛) • 75
2. 비로자나불(毘盧蔗那佛) • 76
3. 아미타불(阿彌陀佛) • 77
4. 약사여래불(藥師如來佛) • 78
5. 노사나불(盧舍那佛) • 79
6. 미륵불(彌勒佛) • 81
7. 연등불(燃燈佛) • 81

Ⅴ. 보살의 이름과 형상 • 84

1. 관세음보살 • 87
   (1) 성관세음보살 (2) 천수관세음보살 (3) 십일면관세음보살
   (4) 준베관세음보살 (5) 불공경색 관세음보살 (6) 마두관세음보살
   (7) 여의륜관세음보살
2. 미륵보살 • 90
3. 대세지보살 • 91
4. 문수보살과 보현보살 • 91
5. 지장보살 • 93
6. 일광보살과 월광보살 • 94
7. 허장공보살 • 95

Ⅵ. 불교의 사물과 법구 • 98

1. 범종 • 101
2. 법고 • 102
3. 목어 • 102
4. 운판 • 103
5. 기타의 법구 • 104

VII. 염주의 종류와 상징 • 106

VIII. 스님을 대할 때의 예의 • 112
   1. 스님의 호칭 • 114
   2. 법사와 포교사 • 117
   3. 재가와 거사 • 117
   4. 비구와 비구니 • 118
   5. 사미와 사미니 • 119

IX. 우리나라의 큰스님들 • 120
   1. 승랑법사와 담징스님 • 123
   2. 원광과 원측스님 • 126
   3. 자장율사와 대안스님 • 128
   4. 백제의 겸임스님과 신라의 혜초스님 • 133
   5. 원효와 의상스님 • 136
   6. 대각국사와 지눌스님 • 140
   7. 균여와 태고 보우스님 • 143
   8. 나옹화상과 무학스님 • 146
   9. 휴정스님과 사명당 • 151
   10. 일연스님과 진묵스님 • 155

X. 절마당에서 • 160
   1. 사찰의 문 • 162
      (1) 일주문 (2) 천왕문 (3) 해탈문 (3) 불이문
   2. 조계종 8대 총림 • 163
   3. 우리나라 삼보사찰 • 164

4. 우리나라 5대적멸보궁 ● 164
5. 사찰의 전각과 명칭 ● 165
   (1) 대웅전 (2) 대웅보전 (3) 대원본전 (4) 대적광전 (5) 극락전
   (6) 약사전 (7) 영산전 (8) 나한전 (9) 관음전 (10) 미륵전
   (11) 명부전 (12) 조사당 (13) 장경각 (14) 가림각 (15) 천추각과 세월각
   (16) 산신각 (17) 칠성각 (18) 독성각 (19) 삼성각
6. 불교의 4대 성지 ● 171
7. 불교의 5대 명절 ● 171

XI. 불교의 예절과 의례 ● 172

1. 도량에서의 행동 ● 175
   (1) 법당을 출입할 때 (2) 부처님께 올리는 절 오체투지 (3) 합장
   (4) 차수와 반배 (5) 고두배 (6) 촛불을 켤 대는 (7) 도량석과 의식
   (8) 발우와 발우공양
   (9) 공양물을 올리는 예법 1) 촛불을 끄는 일 2)향 3) 그 외의 공양물

XII. 불교의 각종의식과 의미 ● 186

1. 각종 의식의 종류 ● 188
   (1) 천도재 (2) 수륙재(水陸齋) (3) 생전예수재 (4) 영산재 (5) 다비식
   (6) 다례재 (7) 연등회(燃燈會)
2. 불교의 의식무용 ● 202
   (1) 바라춤 (2) 나비춤 (3) 사물춤 (4) 기타 타주춤 (5) 영산재의 무용의식

XIII. 불자 수계의식의 순서와 절차 ● 212

불교의 법회와 법회의식 ● 231
1. 법회의 종류 ● 232
   (1) 정기법회 (2) 재일법회와 재법회 (3) 기타 재법회 (4) 특별법회

XIV. 불교의 예배형식과 기도방법 ● 244

1. 불교의 예배형식 ● 245
2. 기도하는 방법 ● 249
   (1) 기도의 대상과 목표 (2) 기도의 순서 (3) 서원 기도 장소
3. 목탁의 의미와 상징 ● 253
   (1) 목탁의 탄생 설화 (2) 목탁의 사용방법 (3) 소리로 구분한 목탁의 종류
4. 불교예불 의식경문: 천수경(千手經) ● 257

XV. 불교용어로 살펴보는 불교 상식 ● 268

1. 삼법인(사법인) ● 270
   (1) 제행무상 (2) 제법무아 (3) 일체개고 (4) 열반적정
2. 사성제 ● 272
3. 팔정도(八正道) ● 273
4. 사섭법(四攝法) ● 275
5. 바라밀(波羅蜜) ● 276
6. 팔상록(八相錄)이란 ● 280
7. 삼독과 삼계, 삼학이란 ● 282
8. 사대와 시방삼계, 삼업과 삼시업 ● 283
9. 오계와 육도 ● 285
10. 사생과 사유 ● 286
11. 육법공양 ● 287
12. 불교교단의 구성 ● 288
13. 오욕칠정(五慾七情) ● 289
14. 삼재(三災)의 원인과 방편 ● 289
15. 반야용선(般若龍船)과 악착보살 ● 291
16. 동안거와 하안거의 유래 ● 292
17. 부처님의 삼종가피 ● 294
    (1) 몽중가피 (2) 현전가피 (3) 명훈가피

18. 4염주, 4염처와 7각지 ● 295
19. 달마대사(達磨大師)와 포대화상 ● 297
20. 아라한이란 ● 303
21. 오도송과 무문관(無門關) ● 305
22. 불교와 고대인도 아쇼카왕 ● 307
23. 욕계 6천 하늘 ● 310
  (1) 사천왕천 (2) 도리천 (3) 야마천 (4) 도솔천 (5) 화락천 (6) 타화자재천
24. 색계 18천 하늘 ● 313
  (1) 초선천하늘 (2) 삼선천하늘 (3) 사선천하늘
25. 육도윤회란 ● 316

부록 1. 극락왕생을 기원하는 진언 ● 318
  2. 한국 불교사 연대표 ● 320
  3. 전국불교대학주소록 ● 328

송광사 전경

불교공부 마음공부

I

우리나라 불교의 역사와 전래

Ⅰ. 우리나라 불교의 역사와 전래

우리나라에 불교가 전래된 것은 고구려 소수림왕(小獸林王) 2년 서기 372년, 전진왕 부견(符堅)이 순도스님을 통해 불경 15질과 불상(좌불상과 입상) 3점을 전하면서 전파된 것으로 알려지고 있다. 그 뒤에 백제 침류왕 1년 동진에서 '마라난타' 스님이 백제에 불교를 전하였고, 서기 392년 백제 아신왕(阿莘王)이 백성들에게 불교를 승봉하라는 칙령을 내리면서 전국으로 확대되었다.

신라는 삼국 중에서도 가장 늦은 서기 417년 눌지왕 때 고구려의 승려 '묵호자가 경전 30벌과 불상을 가지고 들어와 전한 뒤 60여년 후인 479년 소지왕때 아도화상(我道和尙)이 고구려로부터 묘법연화경과 아함경(阿含經)을 가지고 들어와 전하였다. 이후 법흥왕 14년(537) 왕실집안의 측근인 이차돈(異次頓)의 순교로 이적(異蹟)이 실현되면서 공식 국교로 받아들이게 되었다.

이 무렵, 이미 백제에는 승려 겸익(謙益)이 인도에서 부처님의 율장을 가지고 귀국해서 전했으며, 성왕 30년이 되던 해인 552년에 일본에 금동불상과 미륵석불, 묘법연화경(妙法蓮華經)을 전하면서 일본에 불교전파의 일익을 감당했으며, 595년에 일본으로 간 혜자(慧慈)스님은 성덕태자(聖德太子)의 스승이

I. 우리나라 불교의 역사와 전래

되었다.

그리고 화가 담징(曇徵)스님은 불교와 오경(五經), 색칠하는 법, 그리고 종이와 붓 만드는 법을 전하였다. 또 652년에 일본으로 간 혜관(惠灌)스님은 백제 관륵 스님의 뒤를 이어 일본 제2대의 승정(僧正)이 되었고, 삼론학을 널리 전파하여 일본불교 삼론종(三論宗)의 시조가 되기도 하였다.

삼국사기 가락국의 창건설화로 나타나 있는 불교 사료를 살펴본다.

서기 42년 가락국의 시조 수로왕(首露王)이 나라를 세우고 임시 궁전을 지어 그 곳에서 기거하며 생활을 하다가 왕위에 오른 지 6년 후, 서기 48년 7월에 서역 중인도의 옛나라 아유타국의 공주 허황옥이 그의 오빠와 함께 석탑을 싣고 바다를 건너 가락국 해변에 도착하였다. 김수로왕은 허황옥을 신부로 맞이하여 왕후로 삼았는데 기록에 의하면 슬하에 아들 열을 낳은 것으로 되어있다.

장남인 거등은 대를 이어 왕이 되게 하고, 둘째 아들은 허황후의 성씨를 따라 석이라고 불렀으며, 그 외 8명의 아들들은 가야산 칠불사에 입산케 하여 외삼촌인 장유화상의 지도를 받으며 불교와 선도를 수업하게 하였으니 이것이 불교포교의 시발점이라 하였다. (자료 '조선시대 불교통사')

13

1. 삼국시대의 불교

우리나라에 불교가 전래된 공식 기록은 고구려 소수림왕 2(372)년 연경에서 순도화상이 불경과 불상을 가지고 들어오면서 불연의 싹이 돋기 시작하였다. 이때는 석가모니 부처님께서 열반하신 후 약 4백여 년이 흐른 시점이었다.

391년에는 왕이 '불법을 믿어 복을 구하라.'고 조신들에게 하교하였고, 이어 광개토왕은 즉위 2년(392)6월에 평양에 아홉 개의 절을 창건하였다. 396년에는 동진에서 담시(曇始)가 불경 수십 부를 가지고 요동에서 교화한 후 삼귀계(三歸戒)를 주고 장안으로 돌아갔다.

이후 불교는 백제, 신라로 전래되어 국교로 인정을 받으면서 동이족(東夷族)의 마음에 인간이 갖추어야 할 소중한 이상향(理想響)을 심어왔으며, 그 이상에 버금가는 찬란한 정신과 문화를 꽃피워 왔다.

신라는 삼국 중에 가장 늦은 법흥왕 14년(537)에 이차돈 성사의 순교로 불교를 받아들였다. 그 이전에는 묵호자(墨胡子)와 모례장자가 직간접적으로 하늘 신과 바다의 신을 믿던 토속신앙 수호자들을 피해 불교를 전하였다. 그러나 원광, 자장, 원효, 의상, 도의, 도선과 같은 훌륭한 스님들이 배출되어 신라 땅을 불연 깊은 부처님의 땅으로 만들어 놓았다. 특히, 원광 스님은 '세속오계(世俗五戒)'를 지어 화랑도(花郞徒)들이

I. 우리나라 불교의 역사와 전래

미륵의 후예로서 삼국통일의 주역으로 자리 잡게 했다.

자장 스님은 '내 비록 단 하루를 살더라도 계를 지키다 죽을지언정 파계(破戒)하고 백 년 동안 살기를 원치 않는다.'는 수행자로의 단호한 의지를 천명한 청정 율사였다. 스님은 중국에서 부처님의 진신 사리를 가져다 통도사를 비롯한 5대 적멸보궁에 모셨다.

사리(舍利)란 스님들의 수행의 결정체를 의미하는데, 이러한 사리를 사찰에 모셨다는 것은 '스님들에게 부처님의 수행 정신을 보여주어 수행자의 갈 길을 제시한다.'는 의미가 있다. 황룡사 9층탑을 세우신 분도 바로 이 자장 스님이다.

불법으로 신라의 위용을 내외에 크게 떨치기 위해 세운 이 탑은 그 규모면에서 당시 세계에서 가장 높은 탑이었다고 전한다.

신라의 의상 스님은 중국에서 화엄 학을 배우고 귀국하여 낙산사에서 관세음보살님의 진신을 친견한 이후 부석사와 범어사 등 유명한 대찰을 창건하였다. 그리고 요즘에도 사찰에서 법회 때 독송하는 '화엄일승법계도(華嚴一乘法界圖)'는 화엄의 철학적 원리를 짧은 게송으로 요약한 세계적으로 자랑할 만한 의상 스님의 대표 저작이다.

그리고 원효 스님은 신라의 여러 고을과 산하를 돌아다니면서 걸림 없는 대자유의 노래인 무애가(無碍歌)를 지어 부르며 오랜 백제와의 전쟁에서 가족을 잃고 인생무상과

15

의지처를 잃고 방황하는 백성들에게 불법을 선양한 수행자이다.

원효 스님은 여러 가지 경전을 체계적으로 정리하여 저술했는데, 그 저술들은 후대 한국불교를 발전시키는 굳건한 토양이 되었다. 스님은 서로간의 다툼을 조화롭게 화해시키는 가르침을 펴 한국불교는 중국불교와 일본불교와는 달리 종파적 경향이 덜하게 되는데 이를 '회통불교(會通佛教)'라고 하였다. 이러한 훌륭한 스님들의 공헌뿐만 아니라 신라 역대 왕들은 모두 법명을 자기 이름으로 삼을 정도로 불법으로 나라를 다스려 삼국통일의 위업을 달성하였다.

신라 통일 이후 신라의 문화는 더욱 번성하여 경덕왕 시절 세계적인 문화유산 중에 하나인 '불국사'와 '석굴암'이 창건되었으며, 국보인 '성덕대왕 신종'과 같은 수많은 불교 문화유산을 남기기도 하였다.

우리나라의 최초 불상으로는 석가모니 부처님 금동불상

I. 우리나라 불교의 역사와 전래

53구를 신라 제 2대 남해왕 원년에 지금의 강원도 고성 건봉사로 이운하였다고 한다. 당시 그곳은 신라의 영토였는데 얼마 뒤 금동불상을 금강산으로 이운하여 지금의 금강산 유점사에 점안하여 모셨다고 전해지고 있다.

또한, 신라 말 오늘날 대한불교 조계종의 시조가 된 도의 국사가 출현한 이후 아홉 개의 산에 선문이 차례로 개창되어 우리나라에 선불교가 일어나게 되었는데, 이를 '구산선문(九山禪門)'이라 하였다.

2. 고려시대의 불교

도선 국사의 풍수사상은 고려를 건국한 태조 왕건에게 커다란 영향을 주었다.

왕건은 훈요십조를 통해 불교를 국시로 내걸고 고려를 다스려나갈 국가통치 이념으로 삼았다. 그러한 정신은 고려의 모든 역사를 통해 지속되어 왔고 매년 팔관회를 열어 불교신앙을 통한 국민 정신회복운동을 주도하고자 하였다.

고려 시대 내내 고승대덕들이 국가나 임금의 스승인 국사나 왕사로 모셔졌으며, 국가적인 대규모의 법회도 많이 열어 부처님의 가피로 국가를 외침과 환난에서 보호하고자 했다.

고려의 유명한 스님들로서 균여, 의천, 보조, 일연, 보우,

무학스님 등을 들 수 있다. 균여 스님은 고려 화엄학의 대가로서 보현보살의 10대원을 향가로 노래한 '보현행원가(普賢行願歌)'를 지어 그것이 고려의 모든 국민들이 노래하는 국민가요이자 애창곡으로 자리 잡도록 하여 자연스럽게 불교의 가르침을 접하도록 만들었다.

그리고 의천 스님은 고려 문종의 넷째 아들로서 15세 때 승통에 임명되어 최초의 불교도서목록인 '신편제종교장총록'을 작성하였고, 천태종을 창시하여 선교의 통합을 주도하였으며, 방대한 경전과 논서를 중국에서 수집하고 들여와서 왕실의 후원아래 '고려속장경'을 간행하였다.

고려 후기에 들어 무신의 난으로 국토는 황폐해졌다.

불교집안에서도 선과 교의 대립으로 불교가 심한 침체에 빠졌을 때 바로 대한불교 조계종의 중흥조로 일컬어지는 보조국사 지눌스님이 해성처럼 나타났다. 스님은 지금의 송광사인 수선사에서 '정혜결사(定慧結社)' 운동을 벌여 선과 교를 함께 닦아나가면서 깨달음을 추구하는 운동을 전개해 나갔다. 또한, 충렬왕 1년 일연 스님은 인각사에서 우리 역사의 보고인 '삼국유사'를 저술하기도 하였다.

보조스님과 더불어 오는 날 조계종 중흥조로 알려진 태고 보우 스님은 중국으로 건너가 석옥 청공 선사의 법을 받아지니고 들어와 임제 선풍을 진작시켰으며, 왕사가 되어 승직 임명을 관장하기도 하였다.

고려시대의 대표적인 문화재로
현재 해인사 경판고에 봉안되어 있는
'팔만대장경(八萬大藏經)'을 들 수
있다. 당시 고려는 몽고군의 침입으로
인한 누란의 위기에서 벗어나기
위해 고종 23년 강화도 선원사에서

팔만대장경 판각 불사(서기 1251년 완성)를 통해 국민정신을
하나로 모았다.

이 불사를 통해 고려인들은 일치 단결된 힘으로 국난을
슬기롭게 극복할 수 있었으며 부처님의 가피력은 대중들의
가슴에 희망과 꿈을 안겨다 주었다.

3. 조선시대의 불교

조선은 유학을 통치 이념으로 삼아 불교를 탄압하기 시작
했다.

이후 불교는 조선 500년 동안 혹심한 탄압 속에 신음하게
되었으며 수행자들은 서울인 도성으로의 출입을 금지 당하기
까지 하였다. 태조는 도첩제를 강화하여 승려출가를 억제시키고
사찰의 토지를 몰수하였으며, 전국의 사찰 수를 제한하는 등
배불시책을 진행시켰다.

세종대왕 때는 불교종파를 통폐합하는 조치도 강행

되었다. 그리고 성종임금 때는 염불소가 금지되었고, 무단 출가자는 환속 조치하는 등 강경책을 펴기도 하였다.

또한, 중종임금 때는 사찰에 부속되었던 토지와 노비가 몰수되었고, 연산군 때는 승과고시가 폐지되기도 하였으며, 중종임금은 태안반도 운하 개척사업에 전국의 승려들을 징발하여 공사에 참여시키는 가혹한 탄압을 가하기도 하였다.

비록 태조, 세종, 세조가 궁궐 내의 법당인 내불당(內佛堂)을 지어 불교를 신앙했고 세조는 석가모니 부처님의 일대기인 '석보상절(釋譜詳節)'을 짓는 등 불교에 대한 이해와 한글 경전도 간행했지만, 그것은 어디까지나 왕가의 개인적 차원에 머무른 것이었다. 특히, 사회 전반에 걸쳐 유생들을 중심으로 한 배불(排佛)의 분위기는 해가 바뀌어도 그칠 줄을 몰랐다. 그러나 이러한 배불의 시기에도 조선불교의 명맥을 이어오고 발전시켜 온 스님들이 있었다.

함허, 보우, 휴정, 유정 스님 등이 그 대표적 인물이다.

허응당 보우는 명종5년(1550) 유생들의 반대에도 불구하고 스님들의 등용문인 승과고시를 부활시켜 불교의 중흥을 꾀하였다. 이 승과고시를 통해 배출된 유명한 인물이 바로 임진왜란의 영웅 휴정 서산대사와 사명당이다.

이 두 스님은 의승군으로 활동하며 국왕으로부터 배불정책을 완화하는 조치를 이끌어 냈으며, 후금과 청나라의 침략에 맞서 의승군을 모아 정부군이 못해낸 후방지원과 정탐

I. 우리나라 불교의 역사와 전래

활동등 전투에 직접 나서 싸웠으며, 숙종임금 때 노현 스님은 안용복과 일본에 건너가 울릉도의 영토주권 확인 소송을 주관하는 등 혁혁한 공을 세우기도 했다. 특히, 서산대사로 알려진 휴정 스님은 꺼져가던 선맥을 살려내어 이를 계승시켜 조계종풍이 현대까지 이어져 오는데 크게 기여를 하였다.

서산대사는 선(禪)을 최고의 수행으로 내세우면서도 염불신앙과 경전 공부를 통한 성불의 가능성도 제시하였다. 이런 스님들의 역할에도 불구하고 불교에 가해진 조정의 탄압은 매우 참혹한 것이었다.

불교는 산 속으로 수행처를 옮기게 되었고, 스님들은 천민 대접을 받아 양반들의 집사나 통인으로 시중을 드느라 동분서주하였다. 이에 따라 수행 풍조 또한 점점 혼미를 거듭해 무질서해 졌으며, 참선하는 스님을 찾아보기 힘들게 되었다.

이제 한국불교는 조선시대의 억불과 근현대의 불협화음 속에서 상처를 입었던 불심을 회복하고 새로운 도약을 시도하고 있다. 최근대사를 살펴볼 때 조선조보다 더 혹독한 시련이 있었으니 군사정권의 군화발속에 신성한 법회장이 유린되고 많은 청정 수행승이 고문(拷問)과 구타의 후유증으로 죽음을 맞이한 전대미문의 법란(法亂)도 우리 불교역사에 기록으로 남게 되었다.

해인사 대장경 장경각

II

불교의 주요 경전과 계율

Ⅱ. 불교의 주요 경전과 계율

　석가모니 부처님의 가르침을 모은 불교의 교전. 즉, 대장경은 부처님 입멸 후 100일째 되는 날 왕사성 칠엽굴에 모인 500여명의 비구와 교단의 대표인 마하가섭이 주축이 되어 이듬해 2월15일까지 엮은 부처님의 설법집이다.
　이 설법집은 부처님이 성도하시고 45년간 제자들을 가르친 내용으로 초기경전으로 원시경전, 근본경전이라고 말한다. 그리고 2차와 3차 결집이 이뤄지는 동안 첨가되고 수정되어 많은 부분이 체계적이고 완벽하게 교정되었다.
　처음에는 부처님의 발자취를 따라 시대별 주제별, 교화대상과 형식에 따라 서술하고 이를 교정하고 하나의 장르로 엮었다. 그러나 부처님의 비서역할을 수행하던 아난다존자의 합류와 함께 부처님이 입멸하시기전에 경전의 결집에 대해 말씀하신 증거를 들어 '나는 이렇게 들었다(如是我聞).'는 말을 경전의 앞에 놓고, '언제 어느 곳에서 ○○에게 부처님이 가르침을 전하였다.'는 출처를 적어 사실관계를 분명히 하게 하였다.
　결집된 경전을 다시 옮겨적는 것도 나무껍질이나 나뭇잎에 적은 패엽경에서부터 양피지나 옷감천에 복사하여 만든 것 등 다양하게 전하고 있는데, 전법 포교자료로 전하는 과정에서

Ⅱ. 불교의 주요 경전과 계율

새로운 신기술인 종이 제작방법이 발명되면서 다양한 형태의 경전이 제작되게 되었다.

이들 경전은 남방과 북방으로 전해지는데, 남방 불교교단에 전해진 경전을 니키야(Nikaya)팔리어 경전, 북방으로 전해져 한자로 번역되어 전해오는 한역경전(漢譯經典)을 '아함경'으로 구분하였다.

초기 경전인 이 아함경은 모두 4종류, 니키야는 5종류로 구분하는데, 경전의 내용이 긴 33개를 모은 것을 '잡아함경', 법수에 따라 다시 모은 것을 '증일 아함경'이라 하였고 이 모두를 합쳐서 '4아함경'이라고 불러왔다.

그리고 팔리어로 적은 초기경전에서 누락된 내용을 훗날 다시 모아 엮어서 '제5아함경'이라고 이름 하였다.

1. 경전의 구분 : (팔리어경전과 한역 아함경)

(1) 팔리5부 경전중 장부33경

대장경중에 길이가 긴 33경을 모은 것으로 대표적인 경전이 '육방예경(六方禮經)'이다. 이 경전은 부처님이 재가신도들의 부모나 스승, 아내, 친족, 사문, 그리고 고용관계나 군신간의 관계에서 지켜야 할 예의와 윤리에 관한 내용으로 유교의 예기(禮記)와 같은 종류의 가르침을 엮어놓은 것이다.

내용을 살펴보면, 승려로서 바른 수행법과 자세를 일러준

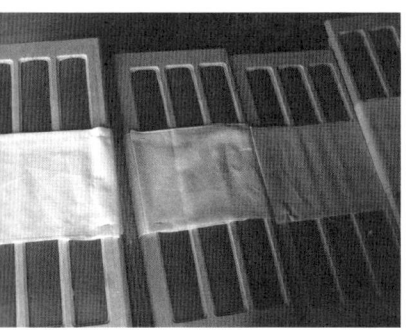
사문과경(沙門果經)과 부처님 재세시에 당시의 외도사상을 구체적 증거를 제시하며 가르친 범동경, 그리고 석가모니 부처님이 입멸 전후의 1년간 행적을 기록한 경전인 '대열반경의 말씀' 등이 이 장부 33경에 속하는 경전이다.

이들 경전은 나뭇잎을 찌거나 목판, 양피지에 기록하여 전했는데 오늘에 남아있는 '패엽경'이 바로 그것이다.

(2) 팔리5부 경전중 중부152경

중부 152경이란, 대장경중에 중간 길이의 경전 총 222경을 말하는데, 남방불교에 전해진 팔리어 경전에는 152경이 전하고 있다. 이 두 내용중에 공통적으로 108개 정도가 널리 읽히고 있다.

이 경전은 중국의 승려 '구담승가제바'가 한문으로 번역하였는데, 중요한 것은 불교교리중에 핵심인 사성제 팔정도와 중도사상, 십이연기설과 4선(4禪), 4념처 등에 대해서 다룬 내용들이 포함되어 있다는 점이다.

이 중부 152경은 '중아함경'이라는 이름으로 다시 번역되어 전한다.

(3) 팔리5부 경전중 상응부(相應部) 56경

이 상응부 56경은 아함경에 잡아함경으로 번역되어 있는데, 팔리어경전에는 상윳다 니키아(Samyutta Nikaya)라는 뜻으로 1,362개의 짧은 경전들을 묶어 놓았다. 내용상으로 구분하면 비유와 설화 부문이 많이 들어가 있다. 현대에 와서 이 비유와 설화부문이 동화로 윤색되어 많은 동화책과 스토리 소재로 이용되고 있다.

초기경전을 번역한 이는 중인도 출신 '구나발타라'로 이 번역본을 다시 한문본으로 번역하여 학자들은 팔리어 경전과 북방에 전해진 한문본을 비교하여 내용상 빠져있거나 제외된 부분등 그 상이한 부문을 중심으로 연구한 논문들이 많이 있다.

(4) 팔리5부 경전중 증지부 2.198경

이 경전의 특징이라면, 모든 경전을 숫자를 기준으로 분류 편찬했다는 점이다. 팔리어 경전에는 '앙굿타라-니키야 (Anguttara-Nikaya, 增支部'로 표현하고 제1법에서 11법 까지를 구분하여 놓았다.

가령 4성제는 4, 오근(5根) 은 발음 기호대로 5로, 팔정도는 숫자 8로 표시하는 것처럼 초기 불교의 가르침을 법수와 관련지어 2,198경을 숫자 1부터 11번까지로 구분하여 정리 하였다.

(5) 팔리 경전중 소부(小部)15경

이 소부에 엮은 경전은 앞의 4가지 분류에 들어가지 않은 내용 중에서 누락이 되었거나 구전으로 전해지던 경전을 모아 '잡장(雜藏)'이라고 구분한 것이다. 이 소부에 들어있는 경전 중에 소홀히 할 수 없는 것은 우리 불자들이 애독하는 '수타니파타'나 '법구경' 그리고 '자설경'이 여기에 속한다는 점이다.

법구경은 팔리어로 '진리의 말씀'으로 번역되는데, 석가모니 부처님의 가르침을 26장 423게송으로 구분해 놓았다. 그리고 '수타니파타'는 경(經)과 집(集)으로 따로 번역해 놓았는데, 1,149수로 정리하여 이 두 경전은 기독교 성경의 시편처럼 우리 인간에게 필요한 불교의 도덕적 가치관과 윤리기준을 정하고 있다.

그러면 '대승불교경전'이라는 말은 무엇일까?

대승경전이라함은 교주인 석가모니 부처님이 직접 가르친 법문 형태의 경전을 저술한 것을 일컫는데 이를 대승경전이라고 한다. 그러나 명목상으로는 부처님이 설하신 것으로 규정하지만 창작된 것으로 정의되기도 한다는 점이다.

이 경전에서는 석가모니 부처님의 교설을 확실히 하기위해 경의 처음에 '여시아문(如是我聞), 나는 이와 같이 들었다.'고 밝히고 있다. 그리고 모든 경전의 제목 앞에 '불설(佛說)'이라는

II. 불교의 주요 경전과 계율

이름을 붙였다. 그래서 '불설대부모은중경(佛說大父母恩重經)', '佛說妙法蓮華經(불설묘법연화경)'처럼 '佛說'이라는 정형구를 썼다.

대승경전은 현재 한문으로 번역되어 전하는 것이 약 1200부, 티베트 어로 번역된 것은 1,900부에 이를 만치 상당히 많은 분량이 남아있다. 초기의 대승경전으로는 ① 반야경, ② 법화경, ③ 대방광불화엄경, ④ 정토3부경, ⑤ 유마경 등으로 구분한다.

2. 초기경전과 법장의 세계

(1) 아함경(阿含經)

아함경은 구전으로 전해오던 부처님의 법문 전체를 나타내는 총체적인 표현이다. 이를 '아함'또는 '아함부'라고 부르고 있는데, 경의 길이에 따라 ① 장아함경, ② 중아함경, ③ 잡아함경, ④ 증일아함경으로 구분하고 있다.

아함은 최초의 경전인 팔리어로 쓰여진 니카야(nikaya)로 총괄적인 이름을 직역하면, '옛부터 전해온 가르침'이라는 뜻이다. 최근에 우리 교단에서도 원시경전인 이 아함경을 재해석하는 분위기가 고조되고 있는데 주 해석서만 해도 20여종이 출간되어 있을 정도이다.

이 경전의 총수는 2천여 개에 이르며 부처님의 법문이 원형 그대로 담겨있어 초기 불교경전의 본모습이라 할 수 있다. 이 경전은 길이에 따라 문장의 길이가 긴 경전을 모은 장아함경이 번역되면서 22권 30경으로 분류되었고, 중간 정도의 길이로 모은 중아함경이 60권 222경을 모은 것이다.

그리고 짧은 경전 1,362경을 모아 50권으로 엮어 잡아함경으로 분류하고, 4성제 8정도와 6도와 같이 법문에 나오는 숫자(법수)로 구분하여 엮은 51권 471경이 바로 증일아함경이다.

이 경전은 부처님 입멸 후 100년이 흐른 시점에 교단이 양분되면서 부파불교 시대에 각 자파별로 독자적인 경장을 갖추기 시작했는데, 서력 기원을 전후로 대승불교가 흥하면서 홍법포교를 위해 경전을 제작하면서 아함,아함경은 소승불교를 가리키는 말이 되었다.

현재 우리에게 전해지는 아함경은 부파불교에서 전해온 것들을 한데모아 중국에서 다시 체계있게 정리해 놓은 것이다.

특히, 아함경이 경전의 앞에 놓는 것은 근본불교의 중심 사상인 사성제, 팔정도, 십이인연설과 같은 교리로서 이것은 부처님의 말씀과 가장 가까운 것이면서도 일상생활의 실제적인 교훈이 되고 있는 내용이기 때문이다.

그래서 이 설의 대립이나 대승이나 소승의 구별도 없이 불교의 근간이 되는 경전이라고 할 수 있다.

(2) 본생경(本生經)

이 경은 세계 최초의 고대 인도설화집이다.

이 본생경(本生經)은 각 소재마다 3부로 구성되어 있는데 설화마다 다음의 세 가지 형식을 갖추고 있다.

그것은 먼저 부처가 자신의 전생이야기를 하게 된 유래를 설명한 것이고, 이어 현세의 일이 생기게 된 전생(前生)이야기를 설하는 부분. 그리고 현세의 등장인물과 전생의 그 것과를 연관지어서 그 인과 관계(因果關係)를 밝히는 부분으로 547과의 이야기를 22장으로 나눠 엮은 것이다.

부처님이 이승에서 깨달음을 얻기 전 과거세상에서 수행자로 있을 때 어떠한 수행을 했고, 그 수행의 공덕으로 어떠한 과보를 얻었는가를 비유와 증거를 제시하며 풀어간 수행담이기도 하다.

특히, 이야기는 소재와 때에 따라 시공을 초월하여 천인, 대신, 장자, 서민, 도둑, 코끼리나 원숭이, 공작, 물고기에 이르기까지 삶의 연기를 거치는 동안 갖가지 선행과 공덕을 행한 이야기이다.

이 경전은 산스크리트어의 직역은 '새로 태어난 자'라는 이름이었다가 '이 생에 태어나기의 전생 이야기'로 바뀌었다가 다시 '부처님의 전생 이야기'로 명명하게 되었다.

본생경의 특징은 다른 경전에서 볼 수 없는 권선징악적인 교훈이 다분하다는 점이다. 부처의 가르침의 바탕은 선인선악인악 과의 이치였다. 인과를 믿는 것은 현재를 올바르게 사는 바탕이 된다는 점에서 부처님의 근본교리를 드러내고, 우리의 목표 지향점을 설정해준 경전이라고 보아도 무방할 것이다. 그리고 이 경전속에 나오는 일부 우화는 유럽으로 건너가 이솝우화의 바탕이 되기도 했다.

(3) 육방예경(六方禮經)

이 경전은 재가신도들이 지켜야할 불교의 생활규범을 정의한 내용이다.

이 육방예경은 기원전 3세기경 아쇼카왕 이전에 성립된 법문으로 2세기경 중국의 '안세고'가 '시갈월육방예경'을 한역한 것이 전해지고 있다. 그 후에 한역 이본으로 '선생자경' '선생경'이 나왔는데, 경전의 내용은 장자의 아들인 '사가라월'이 아버지의 유언에따라 동서남북과 위 아래 여섯 방향을 향해 예배하는 모습을 부처님이 보시고 각각 그 방향에 대해 의미를 부여해주는 일화를 그린 것으로 알려지고 있다.

부처님은 그 자리에서 동쪽은 부모, 남쪽은 스승, 북쪽은 친구, 위쪽은 사문(沙門)이나 바라문, 아래쪽은 하인이나 고용인으로 배정하고 서로 인간관계를 고려하여 예의를 지키라고 하셨다.

특히, 부부관계에서 아내의 위치를 중시하고 주종관계에서는 고용인의 입장을 이해할 것을 제시하고 자만심과 권위심을 버리라고 했다. 그리고 진실한 친구의 선택과 근검절약의 교훈과

Ⅱ. 불교의 주요 경전과 계율

재가자들의 실천덕목으로 가르친 ① 살생하지 말 것 ② 부정한 남녀관계를 맺지 말 것 ③ 도둑질을 하지 말 것 ④ 거짓말을 하지 말 것 등 4계를 준수할 것을 다짐하는 내용도 있다.

또한, 삼독심을 내지말 것을 강조하시는데 ① 성을 내거나 ② 욕심을 내고 ③ 어리석거나 공포심을 갖는 것을 경계하라고 일렀다.

이 경전이 주목을 받는 것은 2,600여년전 원시사회에서 이만큼 정확하고 논리적인 체계로 재가신도의 생활규범을 정했다는 사실이다.

(4) 옥야경(玉耶經)

이 경전은 중국 동진시대에 축담무란 선사가 처음 '옥야경' 이라는 이름으로 번역하여 소개하였고, 서진의 '옥야녀경'과 구나발타라가 번역한 '아속달경'이 그것이다. 이 경은 부처님이 부녀자들의 행실과 도덕적 기준을 제시하였다는 점에서 재가신도들의 신앙생활의 규범이 되었다.

옥야경의 성립은 기원정사를 지어바친 코살라국 사위성의 수닷다 장자의 며느리인 옥야가 친정의 권위와 재산만을 믿고 교만하여 부녀자로서 행실이 나쁘다는 사실을 부처님이 알고 옥야를 위해 강설한 내용을 엮은 것이다.

이 경전에서 부처님은 7가지의 아내상을 말씀하셨는데, 그것은 ① 어머니와 같은 아내 ② 누이동생과 같은 아내 ③

스승같은 아내 ④ 부인다운 아내 ⑤ 노비같은 아내 ⑥ 원수같은 아내 ⑦ 살인자와 같은 아내로 구분하셨다. 그리고 여인의 행실과 몸가짐이 얼마만큼 집안의 복록을 가져오게 하는 지를 강조하셨다.

부처님은 여자에게 주어진 세 가지의 장애로 어렸을 때 부모에게 억압받고, 결혼해서는 지아비에게 억압받으며 늙어서는 자식에게 억압받는다는 것과 부녀자로 옳지 못한 일곱가지 행위를 설하셨다.

그 첫째가 해가 지기 전에 잠들고 늦게 일어나며, 남편이 잘못을 타이를 때 화를 내는 일. 두 번 째가 귀한 음식을 자신이 먼저 먹고 시부모나 남편의 식사를 소홀히 하는 일. 세 번째는 놀기 좋아하고 이웃을 헐뜯으며 친척 사이를 갈라놓는 일이라고 가르치셨다.

이 자리에서 옥야는 부처님께 자신의 교만함을 회개하고 10계를 수지하고 어질고 부인다운 아내의 도리를 다할 것을 천명한다.

(5) 육도집경(六度集經)

이 경전은 부처님이 이 땅에 태어나기 전에 보살로 수행을 하고 있을 때의 전생이야기를 모아 엮은 전생담이다. 흔히, 본생경의 우화와 혼돈하여 출처를 잘못알고 있는 불자들이 많은데, 이 전생담은 6개의 주제 즉 보시, 지계, 인욕, 정진,

II. 불교의 주요 경전과 계율

선정, 지혜등 육도로 구분하여 91개의 전생담을 분류하였기 때문에 '육도집경(六度集經)'이라고 하였다.

본생경과의 차이 점은 두 경전이 전생담을 다루고 있지만, 육도집경은 부처님이 이 땅에 나시기까지 온갖 수행공덕과 보살행에 대한 기록이다. 대승불교의 이상적인 수행자상을 전생담을 통해 그려놓았다고 하면 이해가 빠를 것이다.

경전 구성의 개요를 살펴보면, 전체의 8권 중에 1권에서 3권까지 25장은 보시에 관한 부분으로 보살의 본생, 살바달왕 본생, 가난한 자의 본생이다. 그리고 4권의 15장은 지계에 관한 부분으로 청신사의 본생, 코끼리왕의 본생. 5권의 13장은 인욕부분으로 보살의 본생, 섬도사의 본생. 6권의 19장은 정진 부분으로 법인본생, 미후왕의 본생이다.

또한, 7권의 9장은 선정 부분으로 득선법, 비구득선 등을 설한 내용이고, 8권의 9장은 지혜부분으로 순라태자의 본생을 소개하는 순으로 엮어져 있다.

이야기의 전체적인 관점을 보면 일반적인 사례가 아닌 지극히 극한적인 상황속에서 일어난 일을 극적으로 묘사해 놓은 이야기라는 점이 특징이라 할 것이다.

이 경전은 중국 오나라때 감승희가 8권으로 번역하여 소개하였고, 원전의 출처는 전하지 않으나 승우선사가 지은 '출삼장기질'이라는 저서에 이 경전을 '육도무극경', '도무극집', '잡도무극경'으로 소개하고 있다.

(6) 사십이장경(四十二章經)

이 경전은 중국 최초의 한역 경전이다.

경전의 내용은 일상의 수행생활에서 중요한 42가지 덕목을 여러 경전에서 간추려 놓은 것으로, 인도의 '가섭 마등'과 '축법란'이 서기 67년에 후한의 황제인 효명제의 후원을 받아 번역하였다.

선가(禪家)에서는 이 경전을 '유교경'과 '위산경책'과 더불어 불조삼경(佛祖三經)의 하나로 여기는 주요경전이기도 하다.

'고려대장경' 가운데 이 경전 앞부분에 적은 내용을 보면, 효명제가 '꿈에 금빛의 부처가 궁전으로 들어오는 것을 보고 신이하게 여겨 신하에게 명령하여 대월지국에 가서 불교경전을 얻어오게 하였다.'고 기술하고 있다. 그런데 월지국에서도 이 경전은 내줄 수 없는 당시만 해도 희귀 경전으로 알려져 있어 외교서절로 갔던 신하들이 그 경전을 감독관의 감시아래 베껴서 들여오는데 이것이 최초로 중국에 전해진 불교의 경전으로 기록되어 있다.

이 경전의 내용을 살펴보면, 잡아함경이나 법구경과도 같은 경집의 성격을 띠고 있는데 불교의 중요한 덕목을 담은 입문서로서 쉽고 간결해서 불자들에게 널리 애송되었던 경전이기도 하다.

그 한가지 예를 들면 18장. 무아를 설명하면서 몸속의 4대 지수화풍의 화합물인 이 몸을 '나'라고 집착하는 어리석음을

II. 불교의 주요 경전과 계율

깨우쳐주는 부분이 있다. 그리고 이러한 어리석음과 고뇌가 어디에서 오는 것인가를 밝히면서 '사람은 애욕으로부터 근심을 낳고, 그러한 근심으로 인해 두려움이 생기니 애욕이 없으면 근심도 없고 근심이 없으면 두려움도 없다.'며 애욕을 경계해야 한다고 가르치고 있다.

이 경의 궁극적인 가르침은 '쉬지않고 정진하라.'는 말씀이며, '수행도 자기 근기에 맞게 해야 한다.'는 조현지법(調絃之法)을 강조하였다는 점이다.

(7) 미란타왕문경(彌蘭陀王問經)

흔히, '나선비구경'으로 부르던 '미란타왕문경'은 한문으로 번역하면서 붙인 이름이다. 본래 이 경이 이름은 '밀릴다팡하(Milindapanha)'이다.

원시 경전중에서 그 출처가 가장 오래된 것으로, 경전으로 생성 시기는 기원전 150년전 서북 인도를 지배한 그리스의 왕 밀란다왕과 학승 '나가세나(Nagasena)'와의 문답으로 이루어진 경전이다.

미란타왕의 입을 통해 불교에 대한 의문을 학승 '나가세나' 승려의 답변으로 이루어진 이 경은 개인의 존재에 대해서는 영혼론, 개체의 구조, 십이연기설에 따른 윤회의 실상과 주체, 선악 업보의 문제등을 논하고, 불교의 해탈 열반에 대한 실천 수행론과 불타론, 심리현상, 불교의 지식론등 광범위한 부분을 다루고 있다.

'일반 경전이 출가자를 중심으로 재가신자는 출가자를 위해 보시와 예배, 공양'을 가르치지만, '재가신자도 출가자와 똑같이 궁극적인 목적을 이룰 수 있다.'고 이 경전에서는 가르치고 있다.

이 경전은 부처님의 말씀이 아니기 때문에 팔리어 삼장에는 포함되지 않지만, 베트남이나 버어마, 라오스 등지에서는 경장의 소부경전속에 이 경을 수록하여 가르치고 있다.

현재 미란타왕문경의 다른 이름을 표방한 경전이 몇 종류 전하고 있는데, 팔리어본 3종류로, 스리랑카에서 만든 스리랑카본, 트랜크너본, 삼본 등이 그것이다. 이 경전의 말미에는 미란타왕이 학승 나가세나(일명 나선비구)에게 던진 질문이 304개라고 기록되어 있지만, 실제로는 주요질문 골자를 정리한 236개의 질문과 대답으로 나타나 있다.

최초의 영문 번역자 '리스 데이비드'는 이 경전은 본래 7권으로 나누어져 있고, 제1권과 2, 3권은 '고대 인도 전통 산문의 걸작으로 비유와 설명으로 문제의 쟁점을 논리적이고 명확하게 설명하고 있다.'고 하였다.

II. 불교의 주요 경전과 계율

3. 주요 대승경전의 얼개와 개요

(1) 반야경(般若經)

1) 반야바라밀다심경(般若波羅蜜多心經)

반야경은 대승경전 가운데 맨 처음으로 결집되고 편찬된 불교의 정수이다. 이 경전의 핵심은 '반야바라밀다'를 주제로 해서 수행자들이 모든 법의 진실을 알 수 있는 지혜와 주문을 알린 것으로 '대반야경 6백권의 내용'을 262자로 요약한 것이 오늘날 법회 현장에서 암송하는 '반야심경'이다.

우리나라에는 당나라 현장법사가 한문으로 옮긴 것을 자음으로 읽고 있는데, 이 경전은 B.C. 100년경 남인도에서 성립하여 4세기~5세기에 이르기까지 여러 경전으로 세분화되어 편찬이 되었던 불교의 근본경전이기도 하다.

경전의 핵심은 이 세상의 모든 것이 실체가 없는 공임을 철저하게 터득함으로써 반야(지혜)를 얻어 결국에는 정각을 이룰 수 있다는 내용을 담고 있다.

경전속의 게송 수를 기준으로 구분하면, '팔천송반야경', '2만 5천송 반야경'으로 나누기도 한다. 그리고 경의 분량에 근거하여 '대품반야경'과 '소품반야경'으로도 구분하는데 '대품반야경'은 구마라집이 번역한 27권 90품으로 엮은 '마하반야바라밀경'을 통칭하는 것이다. 그리고 '소품 반야경'은 대승경전의 최고 반야경으로 내세우는 산스크리트본의 한문 번역본인 '8천송 반야경'을 말한다.

우리나라에서는 원효스님의 '반야심경소'와 원측스님의 '반야바라밀다심경찬' 1권이 있는데, 원측스님의 '반야심경소'는 현장스님의 번역본에 주석을 단 것으로 문장이 유려하여 이해하기 쉽게 풀었다는 평가를 받고 있다.

2) 금강반야바라밀경(金剛般若波羅密經)

이 경전은 새로운 뜻의 경전이 아니라 우리나라에서는 '금강경'으로 부르는 경전의 본래 이름이다. 인도와 티베트에서는 '3백송 반야경(3百頌般若經)'으로 불리기도 하는데 '금강(金剛)'이라는 말은 '금강석과 같은 지혜를 완성하는 경전'이라는 뜻이기도 하다.

경전의 중심사상은 공사상이다.

철저한 공사상에 의해서 번뇌와 분별하는 마음을 끊어냄으로써 반야의 지혜를 얻어 깨달음을 얻을 수 있다는 내용이다. 6조 혜능조사가 이 금강경을 읽다가 '응무소주 이생기심(應無所主 而生基心)'라는 대목에서 홀연히 깨달았다는 말이 있을 정도로 특색있는 표현들이 많다. 그 뜻은 '마땅히 머무는 바 없이 그 마음을 일으키라.'는 것이다.

2세기 인도에서 결집된 이후 동아시아에서 널리 유포된 이 경전은 서기 402년 구마라집의 한문 번역과 함께 703년까지 약 300여 년 동안 6종의 번역본이 완성되었고, 당나라

Ⅱ. 불교의 주요 경전과 계율

소명태자가 32과분으로 분장한 것으로 알려지고 있다. 그 후 6조 혜능조사에 의해 해설을 곁들인 교재가 나오는 등 끊임없이 연구가 병행되었는데 우리나라 장자종단인 '대한불교조계종'의 근본경전이기도 하다.

(2) 법화경(法華經)

법화경의 다른 이름은 '묘법연화경(妙法蓮華經)'이다. 최초의 번역자인 구마라집이 '바른 법(정법)'을 묘법으로 번역하므로서 비롯된 지칭인데 '절대 진리'라는 의미이기도 하다.

이 경전은 우리나라뿐만 아니라 인도나 중국, 네팔, 일본, 네팔과 티베트등지에서 널리 독송되는 경전으로, 성립시기는 기원 전후로 추정하고 있다. 경전이 한역된 후에 수나라에 전해졌고, 천태 지의선사가 이 경전의 교의를 정리하여 천태사상을 널리 알렸다.

법화경의 주요내용은 전반부와 후반부로 나눠 전반부에서는 회삼귀의(회삼귀의)를, 후반부에서는 석가모니 부처님의 수명이 무량함을 밝히는 내용으로 구성되어 있다.

회귀삼일이란 '3승은 결국 1승으로 돌아간다.'는 가르침으로, 부처님이 이 세상에 출현하여 성문과 연각, 보살의 3승에 대한 여러 가지 가르침을 설했지만 그것은 결국 1승으로 이끌기 위한 방편에 지나지 않는다는 설명이다.

특히, 이 경에는 교리를 설명하거나 강제한 부분이 없는데,

그 이유는 불교를 마무리 짓기 위해 이 경전을 강설했기 때문이라는 것이다.

법화경은 부처님을 법신과 동일시함으로써 영원한 존재로 상정하여 신앙의 대상으로 설정하고 있다. 그래서 시대에 따라 여러 부처가 있고, 또 부처의 수명이 무량하여 언제나 이 세계에 머물면서 중생을 교화하고 있다는 이상을 담아서 법화신앙의 근거를 마련하였다.

경전 속에는 ① 법신, ② 보신, ③ 응신의 3신이 등장하는데, 법신은 진리 그 자체를 부처로 생각하는 것이고, 보신은 중생을 구제하기 위해 서원을 세우고 수행하여 깨달음을 성취한 부처를 말한다. 그리고 응신은 때와 장소 중생의 능력이나 근기에 따라 나타나 그들을 구제하는 부처로 이 3신 사상은 법화경의 정수(精髓)로 불교전체를 총망라한 내용으로 해석할 수도 있다.

훗날, 이 경전은 천태대사 지의에 의해서 사상적 교학적으로 정리하여 천태사싱의 발전을 보게 한 유명한 경전이기도 하다.

(3) 화엄경(華嚴經)

화엄경의 본래 이름은 '대방광불화엄경'으로 약칭으로 줄여 부른 이름이다.

이 경전의 이름에서 보듯 '대방광불(大方廣佛)'이라는 명칭은 '시공을 초월한 절대적인 존재의 부처님'을 뜻한다. 법화경이 법을 중심으로 설한 내용이라면 이 화엄경은 부처의 실상을

II. 불교의 주요 경전과 계율

설하는 경전이다.

이 화엄경의 생성시기는 확실하지 않지만, 부처님이 성도하신 직후나 성도 후 14일 또는 21일 째 되는 날 그를 따라 수행하던 카필라국의 친구들 즉 녹야원의 다섯비구들에게 설하신 것으로 경전에 나타나 있다.

승가에서 화엄경을 잡화경(雜華經)으로 부르는 것은 여러 경전을 출처로 하여 단행 경전을 합하여 엮은 때문이다. 한문본으로 전하는 대본화엄경은 80권 화엄, 60권 화엄경 티베트어로 번역된 '장역화엄경'등 3종류가 전하고 있는데 우리나라에는 신라의 자장스님이 당나라에서 이 경을 가져와서 강설한 이후 널리 퍼졌는데, 원효스님과 의상이 이 경을 연구하고 화엄종을 창종함으로써 법화경전과 함께 우리나라 교학의 중심 경전이 되었다.

이 경전에서 부처님은 태양을 의미하는 바이로차나 (vairocana)이다.

노사나불, 또는 비로자나불 밀교종단에서는 대일여래로 부르는 부처님이다. 우리나라 불교 소의경전중에 최고의 경전이며 한국 화엄종의 근본경전이기도 하다.

(4) 정토삼부경(淨土三部經)

'정토삼부경'은 부처님이 왕사성 교외의 영축산 일명 독수리봉에서 아난존자와 많은 제자들이 운집한 가운데 수명이

43

무한한 아미타불의 극락세계에 관한 한량없는 공덕과 거룩한 장엄을 설한 내용이다.

영축산 이 설법지에서 부처님이 말씀하신 '무량수경'을 비롯하여 관무량수경, 아미타경이 3가지 경전을 정토삼부경이라 부르는데 조선시대에서부터 민간에 가장 많이 유포되어 독송되던 경전이었다. 이 세 경전의 상세한 내용을 적으면 다음과 같다.

① 무량수경(無量壽經)
이 경은 부처님의 아미타불과 극락정토의 아름다운 세계를 설명하시고 이러한 정토에 왕생하는 길은 아마타불의 명호를 부르며 기도하는 '칭명염불'을 권하는 내용이다.

'무량수경'의 산스크리스트본의 고유 명칭은 '극락의 장엄'이라는 뜻이다. 이 경은 당나라 시대부터 12번이나 번역되었으며, 5가지의 번역본이 현존하고 있다.

특히, 조선시대에는 이 경의 유포가 큰 공덕을 지닌다고 해서 수많은 판본과 필사복사본이 제작 유통되었는데, 1464년 세조임금이 직접 번역하여 간경도감에서 간행한 언해본이 남아있을 정도로 민간에 널리 알려진 경전이다.

무량수경(無量壽經)은 아미타경과 산스크리트어와 명칭이 같다. 그래서 '대무량수경' 또는 대경(大經) 이라고도 불렸으며, 상권과 하권 두 권으로 엮어져 유통되어 양권경(兩卷經)이라는

II. 불교의 주요 경전과 계율

이름으로도 불렸다.

우리나라에 전해진 '무량수경' 중국 요진 때의 승려 구마라집의 번역본이다.

② 관무량수경(觀無量壽經)

이 경전의 본래 명칭은 '관극락국토무량수불관세음보살대세지보살'이라는 긴 이름을 가지고 있다.

현재 산스크리트 원본은 전하지 않으며, 중인도의 고승인 '강량야사'가 중국 유송원가 10년(A.D433년)에 번역한 한문본이 유일하다.

이 경전은 16관경 또는 관경(觀經)이라고 불렀는데, 그 내용은 왕사성 기사굴산에 부처님이 계실 때 야자세 태자가 데바닷다의 사주에 의하여 부왕인 빔비사라왕을 가두고 어머니 위제희 부인마저 감옥에 유폐시키는 사건이 발생하면서 부처님이 감옥으로 찾아가 신통력으로 서방정토를 보여주며 부인을 위해 16관의 수행법을 설한 이야기를 기록한 내용이다.

이 때 부처님이 사리풋다존자와 목련존자와 같이 위제희(야자세 태자의 어머니) 부인 곁에 있을 때 허공 중에 아미타불이 나타난다. 부인은 환희에 넘쳐 아미타불에게 예배하고 깊은 신심을 일으켜 죽음의 공포를 잊고 깨달음을 얻는다는 요지가 경전 구성의 개요이다.

이 경전은 사후세계에 대한 구원을 담보하고 있어서 민간에

45

호소력이 강해 문자를 깨우친 백성은 대부분 독송할 정도로 널리 유포된 경전이다.

③ 아미타경(阿彌陀經)

아미타경은 중국 요진 때 구마라집(鳩摩羅什)이 번역한 번역서를 우리가 받아들여 독송하는 법문으로 삼고 있다.

본래 이 경전은 산스크리스트어로 수카바티뷰하(Sukhavativyuha)로 불렸다. 다시 말하면 무량수경과 같기 때문에 무량수경을 '대무량수경'이라 구분하였고, 아미타경을 '소무량수경' 줄여서 '소경'이라고 이름하였다.

이 경은 석가모니 부처님이 사위성 기원정사에 계실 때 사리풋다 장로를 상대로 설하신 법문으로, 일반 중생이 '극락세계에 왕생하는 길'을 밝히신 내용이다. 특징으로는 다른 모든 경전은 제자들이나 재가불자들의 요청에 의해 설법이 이루어졌지만, 이 아미타경은 부처님이 자진하여 수행자들을 대상으로 설하신 경전이라는 점이다.

이 경전의 핵심내용은 극락정토와 아미타불의 본원력을 설명하고, 그 정토에 태어나는 원력은 아미타불을 부르며 한마음으로 염불하면 내세에 아미타불의 영접을 받아 극락에 태어난다는 정토신앙을 밝힌 것이다.

우리나라에서 아미타경은 신라시대부터 활발하게 이루어졌고, 주석서도 많이 발간되었으며 '염불회(念佛會)'도 많이

II. 불교의 주요 경전과 계율

개최되었는데 현존하는 주석서는 원효스님의 '아미타경소 (阿彌陀經疏)1권이 있다. 우리나라에는 이 경전을 소의경전으로 한 9개 종단이 90년대 이후 창종되어 신행활동을 하고 있다.

(5) 유마경(維摩經)

유마경은 '유마힐경', 또는 '유마힐소설경'으로 불리던 경전으로 유마힐은 '명성이 높은 사람'이라는 산스크리트어를 음역한 것이다. 이 경은 부처님의 설법이 아닌 유마힐의 설법인 '대승경'을 말하고 그 설법의 주체도 유마힐이다.

이 경전의 주체로 등장하는 유마힐은 재가신자로 불교의 진리를 체득하고 청정행을 실천하던 재가신도의 모델이었다. 대장경중에 경전의 주체를 재가자를 주인공으로 하여 이뤄진 이 경은 '유마경'과 승만부인을 주인공으로 한 '승만경'이 유일하다.

이 경의 핵심은 유마힐을 주인공으로 하여 반야경에 서술된 공(空)의 사상을 실천적으로 체득하려는 대승보살의 실천도를 강조한 것으로, 재가신도들도 불도를 실천하고 수행을 완성할 수 있다는 본보기를 강설한 것이다.

우리나라에는 구마라집이 번역한 '유마힐소설경'3권이 소개돼 있다.

유마경의 구성은 모두 11개품으로 나눠져 있는데, 제1 불국품, 제2에는 방편품, 제3과 4에는 제자품과 보살품, 제5에는

47

문수사리 문질품이 소개돼 있다.

인도에서는 부처님 입멸 이후 300년에 걸쳐 널리 익히던 경전으로 그동안 출가 중심주의의 부파불교를 거침없이 비판하고 대승불교의 진의를 나타내보였다는 의미를 가지고 있다.

(6) 수능엄경(首楞嚴經)

이 경전은 우리나라 불교 교단에서 수지하는 근본경전중에 하나이다.

조선시대에는 금강경과 원각경, 대승신기론과 함께 불교 강원에서 사교과 과목으로 널리 연구하고 학습되던 경전이었다. 그 내용으로는 선가의 요체를 강조하면서 밀교사상이 가미된 10권의 경전으로 엮어져 있는데 부처님이 되고자 하는 수행자들이 닦는 무결한 수행법을 설한 경전이다. 이 경의 본래의 이름은 '대불정여래밀인수증요의제보살만행수능엄경'인데, 다른 이름으로는 '능엄경', '수능엄경', '대불정수능엄경'으로 불리고 있다.

이 경은 부처님을 시봉하던 제자 아난다존자가 '마등가'라는 무당의 딸의 유혹에 빠져 계율을 어겼을 때 부처님이 능엄주의 신통력으로 구하시고, 제자들이 마귀의 유혹을 물리칠 수 있는 참선법을 청하면서 설해진 말씀이다.

예로부터 내용이 참선과 관계가 깊어 선가에서 매우 존중

Ⅱ. 불교의 주요 경전과 계율

되어온 경전이기도 하다.

수능엄경의 주석서로는 고려시대 보환스님의 '능엄경신과' 2권과 조선시대 유일의 '능엄경 사기' 1권, 의첨스님의 '능엄경 사기' 등이 현존하고 있고, 전국의 여러 사찰에서 목판본을 제작할 정도로 수행승의 지침서로 독송되고 가르친 경전이다.

(7) 원각경(圓覺經)

이 경의 본래 명칭은 '대방광언각수다라요의경'이다.

원각경 제12품에 이 경의 이름과 신수봉행의 방법과 수지하는 공덕과 이익에 대해서 강설되어 있는데 현재는 이름을 부르기 쉽게 '원각수다라요의경', 또는 '원각요의경', '대방원각경', 또는 '원각경'으로 부른다.

이 경전은 수능엄경을 증거로 해서 중국의 선가에서 대승신기론의 교의를 함께 엮어 펴낸 것으로 보는 이도 있지만, 이는 산스크리트어의 원전이 없기 때문이다. 전체 1권 12장으로 구성된 이 경전은 부처님과 문수보살, 보현보살, 원각보살등 12명의 보살과 원각의 청정한 경지와 그 경지에 도달하는 수행법을 문답으로 밝힌 내용으로 보살마다 1장의 내용으로 구분하여 12장으로 엮어져 있다.

특히, 미륵보살의 '윤회를 끊는 방법'이나 문수보살 장에서 강설한 '누구나 본래부터 갖고있는 원각에 환원하기만 하면 생사가 곧 열반이요. 윤회가 곧 해탈이라.'는 취지를 가르치고 있다.

또한, 이 경전은 고려시대 지눌스님이 깊이 신봉하여 '요의경'이라 칭하고 보급하였는데, 조선조 초기에 와서 함허화상이 '원각경소'3권, 유일스님과 의첨스님이 각각 사기(私記)를 지은 뒤 조정에서 치르는 정규 승과고시에 시험과목으로 채택되기도 했다.

(8) 열반경(涅槃經)

열반경은 석가모니 부처님이 춘다의 전단향나무의 버섯죽 공양을 드시고 쿠시나가라 사라나무숲에서 열반에 들기 직전까지 늙은 수행자 슈바트라에게 설하신 최후의 법문이다.

경전의 주요 핵심내용은 '모든 것은 변하니 게으름에 빠지지 말고 부지런히 정진하라.'는 교훈이다. 본래의 경전이름은 '대열반경'이다.

훗날 소승의 대열반경과 이름이 같아서 일반적으로 대승열반경과 소승열반경으로 구분하고 있는데 대승불교권에서는 '대승열반경'으로 지칭한다.

이 경전이 설해지고나서 '극악무도한 살인귀도 지심으로 반성하고 부처님에게 귀의하면 성불할 수 있느냐'는 문제가 야기되었는데, 열반경에서는 '그도 중생인 이상 성불이 가능하다.'고 결론을 짓고 있다.

소승의 열반경을 살펴보면, 주로 역사적 사실을 중심으로

II. 불교의 주요 경전과 계율

부처님의 입멸을 전후해서 전법여행과 발병, 춘다의 최후공양, 열반에 들며 최후설법 그리고 비탄에 쌓인 제자들과 다비식, 사리분배등을 상세히 서술하고 있는데, 대승의 대열반경에는 인간적인 면보다 종교적이고 철학적인 면을 더 부각시킨 부문이 많다.

현존하는 근거 경전으로는 동진시대의 법현스님의 '대반니원경' 6권과 북량 담무참이 엮은 '대열반경' 40권이 있는데, 남송 때 이 두 경전의 내용을 대조 수정하여 혜관, 혜엄 두 스님이 '대열반경 36권'을 펴냈다.

현재 각 사원을 중심으로 이 수정본을 연구본으로 한 열반경의 연구가 활발하다. 우리나라에서는 이 경전을 소의경전으로한 6개의 종단이 창종되어 포교활동을 하고 있다.

(9) 지장본원경(地藏本願經)

이 경은 중국의 '실차난타(實叉難陀)' 스님의 번역으로 소개된 경전으로 지장보살이 팔만 사천의 방편으로 육도중생을 교화하고 죄를 짓고 고통받는 중생들을 빠짐없이 해탈하도록 하겠다고 서원을 세운 것을 13품으로 나눠 설명한 내용이다.

본래의 이름은 '지장보살본원경'으로, 약칭으로는 '지장본원경'으로 부르고 있으며, 전체 2권으로 구성되어 있다. 당나라 지승스님이 저술한 대장경 목록에도 빠져있는 이 경전은 명나라 시대 만든 대장경속에 들어 있어 번역자의 사실여부가

의심받고 있는 경전이기도 하다. 그러나 지장십륜경을 보완하여 지장본원경 자체는 지장보살이 본생에서 세웠던 서원과 그 이익을 밝혀놓아 여기에 놓여있는 게송 하나만이라고 독송하거나 듣기만 하여도 무량의 죄업을 소멸할 수 있다고 하였다.

우리나라에는 이 경전을 소의경전으로 하여 '지장본원종'등 19개 군소 종단이 창종되어 포교활동을 하고 있는데, 그동안 지장 신앙은 관음신앙과 함께 민간신앙의 큰 기둥 역할을 해온 게 사실이다. 그것은 지장 신앙이 죽은 자의 천도를 위해 실행되어 왔다면, 관음 신앙은 산 자의 현세 기복을 위해 봉행되었기 때문이다.

(10) 부모은중경(父母恩重經)

불설대장경 목록의 전체 범어 원본을 살펴보면, '불교의 효3경'으로 이름한 '부모은중경'이나 '목련경', '우란분경'의 원본 자체는 존재하지 않는다. 그리고 이 3경의 내용을 구분할 때 '부모은중경'은 부모의 은혜에 대한 보은(報恩)의 답을 가르치고 있다면 '목련경(目蓮經)'이나 '우란분경(盂蘭盆經)'은 선망영가의 천도에 초점을 맞추고 있다는 점이다.

어머니가 아기를 낳을 때 3말 8되의 응혈된 피를 흘리고, 8섬 4말의 피로 만든 젖을 먹이니 부모의 은덕을 생각하면 어머니와 아버지를 양 어깨에 앉히고 살이 닳고 뼈가 닳아서 골수에 이르러도 그 은혜를 다 갚을 수 없다는 내용도 수록돼 있다.

부모은중경의 핵심은 유교의 '효경(孝經)' 내용과 비슷하다고 할 지 모르나 효경(孝經)은 아버지에 대한 효도만을 강조한 반면, 부모은중경에서는 어머니를 포함한 부모의 수고와 잉태의 고통까지 세세하게 그리며 부모의 은혜를 설명했다는 점이다.

사실 부모은중경에 열거돼 있는 자식을 잉태하여 1개월 단위로 생태학적 고찰을 근거로 부모 은혜를 열 가지로 나누어 설명한 부분은 현대 의학의 의학적 소견에 비추어 수정할 부문이 없을 정도로 구체적이다. 조선시대 정조대왕은 수원 용주사에 명하여 이 경전을 한문과 한글을 혼용한 판본을 출간하게 할 정도로 대국민 홍보자료로 이 경전을 이용했다.

이 경전의 가장 오래된 언해서(諺解書)로는 1553년 장단 화장사에서 간행한 화장사판이있고, 경전의 출처로는 '고려대장경'과 '대정신수대장경'에는 '불설부모은난보경' 1권이 안세고의 번역으로 수록되어 있다.

(11) 천수경(千手經)

천수경은 그 자체로는 대장경 전체 목록속에서 찾아볼 수 없다.

그것은 현행 천수경은 전통적으로 전래된 천수경 내용을 재편집한 것으로 1935년에 펴낸 '석문의범'을 거쳐 교단이 공식화한 경전이기 때문이다.

전통적으로 전래된 천수경의 본래 이름은 '천수천안관자재보살광대원만무애심대다라니경'이다. 이 명칭을 그대로 옮기면 '한량없는 손과 눈을 가진 관자재보살이 넓고 크며 걸림없는 대자비심을 간직한 큰 다라니에 관해 강설한 말씀'이다.

이 경의 핵심은 부처님이 깨닫고 많은 제자들과 조사들이 실천하고 익힌 참선에 대한 공부인 선학과 말씀에 대한 공부인 교학을 중심으로 일반 불자들이 믿고 따라야 할 목표를 알려주는 의례로 알면 된다.

특히, 발원의 내용은 관세음보살이 실천한 보살행을 중심으로 많은 진언과 다라니가 이타행을 목적으로 실천되고 있음을 알고 그대로 독송하고 따를 것을 주문하고 있다.

이 경전을 최초로 번역한 분은 서기 650년경 지통스님이었고, 658년에 가범달마스님이 '천수천안관세음치병합약경'과 '천수천안관세음보살광대원만무애대비심다라니경'을 펴냈다. 우리나라에 전래된 것은 7세기 중엽으로 삼국유사에는 의상스님이 당나라에 유학하고 귀국하면서 가져온 것으로 나타나 있다.

이 경은 현재 우리나라 사찰에서 행해지는 대부분의 의식에 독송되고 있는데 진언과 다라니를 포함하고 있는 대표적인 밀교계통의 경전이기도 하다. 이 경전은 모두 8부문으로 구성돼 있으며, 6과장에 진언 독송부문이 나오며 준제 진언찬과 귀의진언, 정법계진언, 호신진언 등이 포함되어 있다.

II. 불교의 주요 경전과 계율

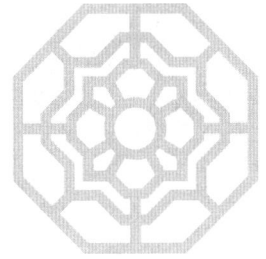

해인사 전경

불교공부 마음공부

III

불교의 계율

Ⅲ. 불교의 계율

불교의 계율은 부처님이 제정하여 출가한 비구나 비구니 등과 삼보에 귀의한 대중이 지켜야 할 계(계)를 말한다. 계율은 삼장의 하나로 율장으로 불려왔고, 경전 중에 사분율, 오분율, 십송율, 마하승지율등과 서장의 율장이 있는데 구분하지 않아도 내용이 서로 비슷하다.

불교의 계율(戒律)은 불교도들이 지켜야 할 기본적 윤리 지침이라고 보아도 된다.

이 율장의 결집은 부처님 입멸 후 1차 결집에서 우파리 존자를 중심으로 부처님이 제정했던 계율 및 규칙을 바르고 체계 있게 정리하여 율이라고 칭하였다. 그리고 제2결집 시에는 현존하는 율장의 원형이 확정되었으며, 그 후 부파불교 시대에 이르러 부분적으로 계율이 증감되면서 현재에 이르렀다.

사실 계율은 본래 출가자만을 대상으로 제정된 것이었다. 그러나 석가모니 속가 아버지인 정반왕의 사망이후 카필라성의 석가 족과 백성들의 잇단 귀의와 여성교단이 탄생하면서 재가자를 위한 계율도 만들게 되는데 그 내용은 크게 세 가지로 구분하고 있다.

첫째는 출가 비구와 비구니에 대해 각각의 구체적 행위를 금지한 조문으로 교단의 벌칙과 그것을 금지하게 된 유래, 인연,

또 그것을 범했을 경우 죄의 경중을 설명하였다.

둘째는 교단의 의식, 작법이나 대중의 생활 의례에 맞는 행위 등에 관한 구체적인 제 규정을 설명하였고 마지막으로는 이밖에 부수사항을 모아놓은 것 등이다.

그리고 지방에 따라 습관, 풍속, 기후, 풍토에 기인하여 적절한 규정을 넣거나 빼서 소승의 율장을 소승율이라 하고, 범망경 등의 대승 율전을 대승율이라 구분하여 지금까지 부르고 있다.

1. 삼귀의와 오계

이 계율은 부처님이 성도 후에 처음으로 녹야원에서 그를 따르던 다섯 비구를 제도하고 녹야원을 찾아온 야사와 야사의 아버지를 위해 법을 설하면서 문답으로 가르치신 내용중에 나오는 초기법문이다.

삼귀의는 불교의 삼보(부처님, 불교의 법, 스님)에 귀의하라는 내용이며, 5계는 불교에 귀의한 자가 지켜야 할 금지 조문을 강제한 내용이다.

(1) 삼귀의
1) 거룩한 부처님께 귀의합니다.
2) 거룩한 가르침에 귀의합니다.
3) 거룩한 스님들께 귀의합니다.

(2) 오계

1) 산 목숨을 죽이지 말라.
2) 주지 않는 물건을 가지지 말라.
3) 간음하지 말라
4) 거짓말을 하지 말라.
5) 술을 마시지 말라.

부처님이 오계를 이르시고 자신을 찾아온 야사와 야사의 아버지에게 물었다.

"그대는 이 계를 지키겠느냐?"

"예. 세존이시여, 평생 목숨을 다할 때까지 지키겠습니다."

이 같은 일화를 통해 불교의 교단이 처음 탄생하였고 야사와 야사의 아버지는 최초의 재가자로 삼귀의와 오계를 받은 신도가 되었다. 그리고 지금까지 수계법회에서 법을 전하는 큰스님이 '이것을 지키겠느냐?'고 묻고 수계를 받는 자가 '평생 목숨을 다할 때까지 지키겠습니다.'로 맹세하는 순을 지키고 있는 것이다.

2. 사미10계

이 계율은 부처님의 고향인 카빌라성에서 속가의 아들인 라훌라에게 계를 주고 출가시키며 삼귀의를 세 번 외우게 하고 10가지의 계율을 일러주셨는데, 이것이 바로 사미 10계이며, 라훌라는 최초의 사미 즉 어린스님이 되었다.

(1) 목숨이 다하도록 중생을 죽이지 말라.
(2) 목숨이 다하도록 훔치지 말라.
(3) 목숨이 다하도록 음행하지 말라.
(4) 목숨이 다하도록 거짓말을 하지 말라.
(5) 목숨이 다하도록 술을 마시지 말라
(6) 목숨이 다하도록 꽃다발을 쓰거나 향을 바르지 말라.
(7) 목숨이 다하도록 노래하고 춤추는 짓을 하지 말고
    악기를 쓰지 말라.
(8) 높고 넓은 평상에 앉지 말라.
(9) 목숨이 다하도록 때가 아니면 먹지 말라.
(10) 금·은 보물로 몸을 가리지 말라.

3. 근본 계율 네 가지

이 계율은 부처님이 기원정사에 계실 때 아난다 존자의 발의를 듣고 말법시대에 사특한 무리들이 나와서 그릇된 주장을 할 경우를 대비하여 미래 세상의 말세 중생들을 위해 가르친 내용으로 아난다존자와의 문답으로 이뤄져있다.

"부처님, 법을 배우려는 사람은 그 마음을 어떻게 가다듬고 자리잡아야 온갖 장애를 물리치고 보리심에서 물러남이 없이 위없는 공부를 능히 성취할 수 있습니까?"

"아난다야, 말세의 중생을 구하는 방법은 그 마음을 올바르게 자리잡게 하는 것이다. 그래서 수행하는데 마음을 거두는 계율과 계로 인하여 생기는 정(定)과 정으로 인하여 생(生)하는 혜(慧). 이렇게 무루(無漏)를 얻는 세 가지의 공부가 있다. 그리하여 이 세계 여섯 갈래의 중생들이 누구나 음란한 마음만 없으면 생사를 해탈할 수 있을 것이다."

부처님은 '수행하는 목적은 본래 번뇌를 벗어나려고 하는 것인데, 음란한 마음을 끊지 아니하면 절대로 번뇌를 벗어날 수 없다.'는 점을 분명히 말씀하셨다.

아난다가 합장하고 물러서자 부처님은 다시 말씀하셨다.

"세상 사람들에게 삼매를 닦게 하려거든 제일 먼저 음욕부터 끊게 하라. 이 것이야말로 모든 부처님의 첫 번째 결정인 맑고 깨끗한 가르침이다. 반드시 음란한 뿌리를 몸과 마음에서

III. 불교의 계율

끊어버리고, 끊었다는 생각까지도 없어야만 부처님의 보리를 희망할 수 있을 것이다."

"악마들이 음욕을 탐하면서도 선지식 노릇을 하며 무지한 중생들로 하여금 애욕과 사견의 구렁에 빠지지 않게 하겠 사옵니다."

부처님은 아난다의 다짐을 듣고 다시 말씀하셨다.

"아난다야, 말법시대의 육도 중생들이 누구나 산 것을 죽일 마음이 없다면 생사를 해탈할 수 있을 것이다. 수행하는 목적이 번뇌를 벗어나는 것이지만, 죽일 마음을 끊지 않고서는 번뇌를 벗어날 수가 없다. 삼매를 후세사람들에게 닦게 하려거든 산 목숨을 죽일 생각을 끊게 하여라. 이것이 부처님의 맑고 깨끗한 두 번 째 가르침이다."

부처님은 세 번째로 '세상 사람들에게 삼매를 닦게 하려거든 남의 물건을 훔치는 것을 끊게 하라. 이 것이 여러 부처님의 맑고 깨끗한 가르침이라.'고 하셨다.

그리고 마지막으로 '거짓말을 하지 말라는 계율을 말씀하셨다.

"아난다야, 그대가 세상 사람들에게 삼매를 닦게 하려거든 큰 거짓말을 끊게 하여라. 수행이 올바르지 못하면 악한 과보를 받을 것이니 부처님의 보리를 구하려 해도 소용이 없을 것이다."

부처님은 이렇게 4가지 근본 계율을 수행의 지침으로 삼으라고 하셨다.

"보살도를 구하려는 자는 이 네가지 계율을 먼저 깨끗하게 지키면 마음으로 짓는 세 가지 업과 말로 짓는 네 가지의 업이 없어지느라."

4. 열 가지의 대승계

부처님이 정각을 이룬 뒤 함께 수행하던 녹야원의 다섯 비구를 교화하시고 야사와 야사의 아버지에게 계를 주어 불교의 교단을 만드셨다. 그리고 보살들을 위해 열 가지 열반의 길을 설명하셨는데 이것이 대승계의 10계이다.

(1) 생명있는 중생을 죽이지 말라.
(2) 남의 물건을 훔치지 말라.
(3) 음행하지 말라.
(4) 거짓말을 하지 말라.
(5) 술을 먹지 말라.
(6) 사부대중의 허물을 말하지 말라.
(7) 자기를 칭찬하고 남을 비방하지 말라.
(8) 탐내고 욕설하지 말라.
(9) 성내지 말라.
(10) 삼보를 비방하지 말라.

III. 불교의 계율

5. 팔관재계

이 계법은 사위성의 장자 수닷타 장자가 지어 바친 기원정사에 계실 때 수닷타 장자의 며느리 중에 옥야의 청에 의해 말씀하신 계율이다.
'옥야경'이 출처경전이기도 하지만, 여자의 행실과 도덕적 지침을 설하신 내용중에 나오는 8가지 계행을 말씀한 내용이다.

출가를 해서 수행하는 승려들은 평생을 지니는 것이지만, 세속에 있는 신도들은 그렇게 지닐 수 없더라도 삼장재월인 일월, 오월, 구월이나 육재일인 팔일, 십사일, 십오일, 이십삼일, 이십구일, 삼십일만이라도 하루 밤낮을 깨끗하게 받아 지니면 하늘의 천신들이 항상 수호하게 되어 모든 재앙은 스스로 없어지고 위없는 보리도를 장엄하여 공덕을 얻게 될 것이라고 하셨다.

(1) 아라한은 산 목숨을 죽이려는 생각이 없다.
자비로운 중생을 사랑하며 원망하는 마음도 없고 산 목숨에 대하여 내 몸같이 여긴다.
(2) 아라한은 탐내고 아끼는 생각이 없다.
항상 깨끗하고 공경하는 마음으로 보시하기를 좋아하며

65

무엇이든지 나누어 주되 바라는 마음이 없다.

(3) 아라한은 음욕의 마음이 없다.

이성에 대하여 부정한 생각을 내는 일이 없고 맑고 깨끗한 행을 닦으며 조용히 정진을 즐긴다.

(4) 아라한은 거짓말을 하지 않는다.

생각은 언제나 번뇌망상이 없고 생각은 언제나 조용하게 하고, 말은 마음과 같이 법에 맞지 않는 말은 하지 않으며 거룩한 말에 거짓이 없다.

(5) 아라한은 수행중에 술을 마시지 않는다.

마음엔 번뇌망상이 없고 평안하고 생각은 게으름이 없으며 술은 생각하지도 않는다.

(6) 아라한은 수행중에 방종하지 않는다.

좋은 옷이나 패물로 몸을 가꾸고 사치하거나 분을 발라 화장을 하지 않으며, 노래 춤 제주등 온갖 오락은 구경하지도 않는다.

(7) 아라한은 몸의 평안함을 위해 높은 평상이나 좋은 자리에 앉고 눕지 않는다.

화려한 의복이나 비단으로 된 이부자리는 쓰지 아니하며, 낮고 허술한 평상이나 자리에 앉거나 쉬며 오직 바른 법만을 생각한다.

(8) 아라한은 법답게 먹는 시간을 지켜 매일 정오에 한끼의 식사만 하되 양에 맞춰 적게 먹으며 정오가 넘으면 먹지 아니한다.

6. 부처님의 12연기설

석가모니 부처님이 전법포교를 할 당시 전통종교인 '부라만교'의 '유아설(有我說)'을 부정하는데, 이 연기설의 주체는 브라만교의 사상과 비슷하다. 부처님은 브라만교의 유아설을 부정하고 무아(無我)를 주창하는데 그 근거로 12연기설을 들었다.

원시불교에서는 이 12지 연기를 '업감(業感)연기'라고 지칭하고 대승의 유가행유식파(瑜伽行唯識派)의 '아뢰야식연기(阿賴耶識緣起)', 여래장사상의 '여래장 연기', 화엄종의 '법계연기'를 합쳐서 4종 연기라고 하였다.

즉, 연기는 무명(無明)을 궁극적 원인으로 보고, 생·노·사를 최종결과로 보는 12의 인과의 연속체가 우리들 유정(有情)의 존재방식이며, 거기에는 어떤 고정적·실체적인 자아(自我, 아트만)는 존재하지 않는다는 이론이다.

부처님이 인간의 죽음을 포함한 모든 고뇌에서 벗어나는 명백한 해답으로 제시한 것이 바로 이 12연기설이다.

이를 구체적으로 설명하면, '인간의 근본적인 고뇌(八苦)는 숙명적이거나 우연한 것이 아니라 자신의 무지가 원인이 되어 받게 되는 필연적인 결과'라는 것이다. 그래서 이 연기에 따라 여덟가지 고뇌의 원인을 밝히고 단계적으로 고뇌가 일어나는 과정을 설명한 것이 12연기법으로, 이 고뇌가 일어나는 단계를

12가지로 분석한 것이다.

부처님은 모든 업과 괴로움, 생사윤회가 '무명을 밝혀 알았느냐'에 따라서 그 실상을 볼 수 있다고 하셨다.

그 12가지의 요체를 구분하면 아래와 같다.

① 무명(無明) : 실재(實在)하지 않는 무상한 것을 실체(實體)로 착각하고 그 무상한 형체를 완전하고 영원한 것으로 집착해 버리는 어리석음을 말한다. 즉 진리에 대한 무지(無知)로 연기(緣起)와 사제(四諦)의 도리도 모르고, 선악도 모르고, 참다운 인생관도 없으니 인생의 고뇌와 불행이 생기는 원인이 된다는 것이다.

② 행(行) : 이처럼 밝지 못한 상태(無明)로 행동하고, 말하고, 생각함으로써 습관, 성격, 자질 등 바르지 못한 자아가 형성되어 자신도 모르는 사이에 업(業)이 지어진다는 것이다.

③ 식(識) : 이러한 行에 의해 형성된, 잠재된 힘으로 육근(六根)을 통해 수용한 정보를 분별하고 판단하며

④ 명색(名色) : 명(名)은 정신적인 것을 말하며 색(色)은 물질적인 것을 말하는데 인식작용에 의해 일체의 존재가 현상적으로 나타나고

⑤ 육처(六處) : 명색이 있으므로 그것을 지각하는 눈, 귀, 코, 혀, 몸, 의지(意志)라는 육처의 능력이 일어난다

⑥ 촉(觸) : 감각을 느끼는 기관(육처)과 그 대상인 육경(六境 : 色, 聲, 香, 味, 觸, 法) 과 감각, 지각의 주체(六識 : 眼識, 耳識, 鼻識, 舌識, 身識, 意識)가 화합, 접촉하는 것을 말하는 것으로 즉 이 세 가지가 만나므로 감각과 지각의 인식작용이 생긴다.

⑦ 수(受) : 수(受)는 감수작용을 말하는 것으로 촉에 의해 즐거움이나 괴로움, 그리고 즐거운 것도 아니고 괴로운 것도 아닌 느낌의 세 가지가 일어나고

⑧ 애(愛) : 애(愛)는 수(受)에 의해 일어난 맹목적인 욕심을 말한다.

⑨ 취(取) : 애(愛)에 의하여 일어난 욕구가 추구하는 대상을 소유화하는 것을 뜻하는데, 그릇된 소유의 마음으로 살상하고 훔치며 망녕된 언어를 사용하고, 사취하는 등 몸과 언어로써 업(業)을 짓게 된다는 뜻이다.

⑩ 유(有) : 유는 취(取)에 의하여 '있음(존재하는 현상)'이 발생하는데, 그것은 몸과 말로써 짓는 행동 뒤에 일어나며,

욕망이 있는 욕계(慾界)와 욕망은 없으나 물질이 남아 있는 색계(色界)와 욕망과 물질은 없으나 정신적인 것이 남아 있는 무색계(無色界)로 구분한다.

⑪ 생(生) : 이러한 유(有)로 말미암아 존재 자체가 형성되니 '나'라는 개체라는 것이다.

⑫ 노사(老死) : 생으로 말미암은 늙음과 죽음이 괴로움이니 생사에서 비롯되는 근심과 슬픔과 번뇌가 바로 괴로움이라는 것이다.

이 연기(緣起)설은 불교에서 가장 중요한 사상이다. 석가모니 부처님은 이 연기(緣起)의 이치를 깨달아 성도하셨다. 부처님의 주장은 '모든 사상(事象)은 항상 서로 관계되어 성립하기 때문에 불변적(不變的)·고정적(固定的) 실체라고 말할 수 있는 것은 하나도 없다.'는 공(空)사상을 이론적으로 뒷받침하는 것이 연기사상(緣起思想)이다.

초기경전인 '아함경(阿含經)'에서 '연기를 보는 자는 법(法:진리)을 보고, 법을 보는 자는 연기를 본다.'고 한 말이나, '연기를 보는 자는 불(佛)을 본다.'고 설(說)한 것과 같이 연기는 법과 동일한 것으로 12연기(緣起)는 불교의 중심사상이 기도 하다.

Ⅲ. 불교의 계율

범어사 대웅전 주변풍경

불교공부 마음공부

IV

불상의 존칭과 이름

Ⅳ. 불상의 존칭과 이름

수행중인 스님들이나 재가 신도들이 여러 불상 중에서 불상의 신분을 알기란 쉽지 않다. 구별하는 방법은 두 손으로 짓고 있는 수인(手印)으로 확인하는 방법으로 공부하면 쉽게 알수가 있다.

수인이란 부처의 깨달음을 상징적으로 나타내는 손 모양을 말한다.

석가모니 부처님의 수인은 대부분 항마촉지인이다.

항마촉지인은 좌선할 때의 손 모양에서 오른 손을 풀어서 오른쪽 무릎에 얹고 손가락으로 땅을 가리키는 모습이다. 이는 석가모니 부처님이 모든 번뇌를 물리치고 성취한 깨달음을 지신(地神)이 증명하였다는 의미이다.

그리고 비로자나불의 수인은 지권인으로 왼손의 집게손가락을 펴서 오른손으로 감싸 쥐고 있는 모양이다. 아미타불의 수인은 대부분 오른손을 가슴 앞까지 들어서 손바닥을 밖으로 하고 왼손을 무릎 위에 놓은 자세이다.

약사여래는 오른손은 석가모니불이나 아미타불의 수인과 비슷하고, 왼손에는 약병이나 약탕관을 가지고 있는 형태로 구현되고 있다.

미륵불의 수인은 석가모니불과 구별되지 않는다. 미륵불은

IV. 불상의 존칭과 이름

미래불로서 성불은 보장되어 있지만, 현재는 보살이기 때문에 상징할 만한 표현 방식이 없어 석가모니불과 같은 모습으로 조상하였던 것 같다.

현세 이익의 부처님인 약사여래는 반드시 한 손을 배꼽 근처에 갖다 대고 손바닥을 위로 향한 채 그 위에 약 항아리인 약합을 얹어 놓고 있다. 문수보살이나 대세지보살은 경책을 들고 있고, 지장보살은 지팡이나 법륜을 들고 있으며, 일광보살과 월광보살은 각각 일륜과 월륜을, 관세음보살은 정병이나 버들가지를 들고 있는 모습으로 구현되는 특징이 있다.

1. 석가모니불

석가모니 부처님은 주로 사찰의 주불로 보안하고 있는데 앉아있는 자세나 절마당을 굽어보는 자리에 입상(서 있는 모습)으로 모시고 있다. 좌우에 부처님을 보좌하는 협시보살로 석가모니 부처님을 모신 절에서는 좌측에 관세음보살, 우측에 미륵보살을 모시거나 좌측에는 관세음보살 우측에는 허장공보살을 배치하기도 한다.

간혹, 소의경전이나 종단의 종지에 맞춰 협시보살로 좌측에 문수보살, 우측에 보현보살을 모시는 경우도 있는데, 무조건 석가모니 부처님의 좌측이나 우측에 관세음보살과 미륵보살을 모시는 것이 맞는다고 주장해서는 안 된다.

석가모니 부처님상은 응진전이나 나한전, 영산전, 팔상전에도 주불(중앙에 모시는)로 모시고 있는데 상호가 원만하고 머리의 백호는 우주만유를 상징하는 모습이다. 손바닥과 손의 모양에 따라 지권인, 항마촉지인, 선정인, 여원인, 시무외인, 천지인등 6가지로 구분하기도 한다.

이중에서 전법륜인(길상인)은 설법인의 하나로서 부처님이 손을 들어서 녹야원에서 설법하던 때의 결인으로 두 손의 형상이다. 엄지손가락과 검지를 맞대고 왼손 새끼손가락 밑을 바른손의 손가락 맞댄 곳에 가져다 댄 모습이다.

2. 비로자나불

대일여래 부처님으로 법신, 또는 진신의 부처님으로 알려지신 분이다. 협시보살로 좌측에 문수보살과 우측에 보현보살 배치하는데 삼존불일 경우 좌측-보신 노사나불과 우측-응신 석가모니불 모신다.

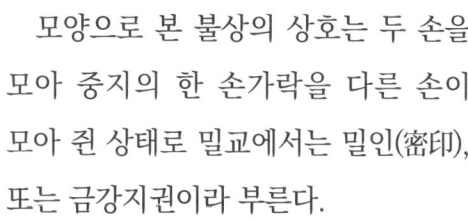

모양으로 본 불상의 상호는 두 손을 모아 중지의 한 손가락을 다른 손이 모아 쥔 상태로 밀교에서는 밀인(密印), 또는 금강지권이라 부른다.

이 지권인은 비로자나불이 취하는

대표적인 결인이다.

이렇게 하는 것은, 오른손은 불계를 표하고 왼손은 중생계를 표한 것이므로 이 결인으로서 중생과 부처가 둘이 아니고, 미와 오가 일체인 깊은 뜻을 나타내는 것이 된다. 그리고 금강권인은 엄지손가락을 손바닥에 넣고 다른 네 손가락으로 싸쥐는 것으로 금강계 대일여래의 오른손 수인이다. 양부 중에는 금강계에 속하고, 이지 중에는 지를 표하여 금강같이 견고함을 가리킨 것으로 이렇게 이름하였다.

3. 아미타불

서방극락세상인 정토세계의 부처님이다. 불상의 형식적 특징은 수인인데 아미타 정인과 9품인을 하는 것이 원칙, 협시보살로 좌측에 관음보살과 우측에 대세지보살 또는 지장보살을 모시고 있다. 석가모니 부처님이 6가지 수인을 짓고 있는 것에 반해 아미타불은 9가지 수인을 짓고 있는 이를 다시 세 가지로 구분하여 상·중·하품으로 나눈다.

이것은 중생의 성품과 근기에 따른 유형으로 그 서원이 깊다는 뜻이다. 과보는 있으나 받는 이가 각각 다르기 때문이라는 뜻이다.

극락세계로 가는 행업이 깊은지, 얕은가에 따라 시현된 수인이다.

4. 약사여래불

약사유리광여래(藥師瑠璃光如來) 또는 대의왕불(大醫王佛)로도 부르는 이 부처님상은 다른 불상에 비해 일반 재가 신도들이 구분하기 쉽다. 동방정유리세계(淨瑠璃世界)에 상주하고 있으면서 모든 중생의 질병을 치료하고 재앙을 소멸시키며, 부처의 원만행(圓滿行)을 닦는 이로 하여금 무상보리(無上菩提)의 묘과(妙果)를 증득하게 하는 부처이다. 의식주와 무병장수의 깨달음을 주시는 부처님으로 손에 약합을 든 계인을 하고 있는 게 특징이다.

그는 과거세상에서 약왕(藥王)이라는 이름의 보살로 수행하면서 중생의 아픔과 슬픔을 소멸시키기 위한 12가지 대원(大願)을 세웠다. 그 대원은 ① 내 몸과 남의 몸에 광명이 가득하게 하려는 원, ② 위덕이 높아서 중생을 모두 깨우치려는 원, ③ 중생으로 하여금 욕망에 만족하여 결핍하지 않게 하려는 원, ④ 일체중생으로 하여금 대승교(大乘敎)에 들어오게 하려는 원, ⑤ 일체중생으로 하여금 깨끗한 업(業)을 지어 삼취정계(三聚淨戒)를 갖추게 하려는 원, ⑥ 일체의 불구자로

하여금 모든 기관을 완전하게 하려는 원. 그리고 ⑦ 몸과 마음이 안락하여 무상보리를 증득하게 하려는 원, ⑧ 일체 여인으로 하여금 모두 남자가 되게 하려는 원, ⑨ 천마(天魔)·외도(外道)의 나쁜 소견을 없애고 부처님의 바른 지견(知見)으로 포섭하려는 원, ⑩ 나쁜 왕이나 강도  등의 고난으로부터 일체중생을 구제하려는 원, ⑪ 일체중생의 기갈을 면하게 하고 배부르게 하려는 원, ⑫ 가난하여 의복이 없는 이에게 훌륭한 옷을 갖게 하려는 원 등이 그것이다.

약사여래불은 일광보살과 월광보살 또는 약사 12지신상을 거느리고 있는 것으로 상징화되고 있다.

현재 우리 나라 많은 사찰에서 이 약사여래를 중심으로 좌우에 일광보살(日光菩薩)과 월광보살(月光菩薩)을 모신 약사전(藥師殿)을 부속시키고 있는 것을 볼 수 있다.

5. 노사나불

노사나불은 삼신불의 한분인 보신불로 부처님으로 복과 덕이 가득하게 이 세상의 불쌍한 모든 사람을 구제하시는 부처님이다. 노사나불은 무량겁 동안 수행한 끝에 깨달음을 얻어서 연화장장엄세계해(蓮華藏莊嚴世界海)에 머물며 털구멍마다에서 화신(化身)을 나투어 시방에 광명을 발하고 무량한

가르침을 베풀어 일체중생을 제도한다고 한다.

미륵불의 협시불로 모셔 놓고 대묘상보살이라는 이름으로도 불리우며, 두 손을 들어 올려 설법인을 취하고 있는데 이는 중생들의 설법교화에 뜻을 두고 있기 때문이다.

설법교화는 법신불인 비로자나불(미륵)의 출현을 알리고 비로자나불과 음양으로 삼계의 모든 권능을 주재 하시는 분이다. 그는 하늘 세상인 삼천대천세계(三千大千世界)의 교주이며 우주전체를 총괄하는 위치에 있다.

수인의 형태로 본 노사나불은 설법 교화 하시는 분으로 설법인은 여러 가지 형태로 표현된다. 그 가운데 하나로 두 손의 등을 맞대어 새끼손가락과 양손가락은 서로 얽고, 왼손의 엄지손가락을 돌려 오른손의 손바닥에 오른손 엄지손가락과 맞댄 인상이다.

이 노사나불이 앉아 있는 연화대 주위에는 천(千)의 꽃잎이 열려 있고 그 꽃잎 하나하나는 각각 일백억(一百億)의 국토를 상징한다고 한다. 그 국토의 주재자가 곧 노사나불로 이 부처님은 현재 대자대비하신 관세음보살로 표현 된다.

'미륵하생경'과 '미륵성불경'에 따르면, 미륵보살이 지상에

Ⅳ. 불상의 존칭과 이름

내려오기 위해서는 우선 전륜성왕이 통치하는 이상사회가 구현돼야 한다고 한다. 전륜성왕은 양거라고도 하며 노사나불을 일컫는 말이기도 하다.

6. 미륵불(彌勒佛)

미륵불은 불교에서 메시아로 알려진 미래(석가모니불 열반 56억7천만년 이후)의 부처님이다. 석가모니 열반 후 56억 7천만년이 지나면 말세가 오는데 이때 도솔천에 계시던 보살이 사바세계 용화수 아래 내려와 미륵불이 되어 석가모니불이 다 구제하지 못한 중생들을 용화 삼회설법을 열어 제도한다는 분이시다.

우리나라에서는 특히 이상향을 꿈꾸는 미륵신앙이 강하다. 미래의 부처님으로서 미륵전, 용화전에 모시고 있다.

7. 연등불(燃燈佛)

정광불(定光佛), 보광불, 또는 정광여래라고도 하며 아득한 과거 세상에서 석가모니 부처님에게 성불할 것을 예언하신 과거불이다. 현재 부처님이신 석가모니불과 미래불이신 미륵불과 함께 삼세불이라 하며 대웅보전에 모셔진다.

'수행본기경 (修行本起經)'을 인용하면, 과거 세상에

제화위국에 등성이라고 하는 성스러운 임금이 있었다. 그는 임종 때 황태자 정광에게 나라를 맡겼다. 그러나 태자는 세상이 무상함을 알고 동생에게 나라를 물려주고 출가하여 승려가 되었다. 그는 여러 해의 수행 뒤에 성불하여 부처가 되었는데 그가 바로 연등불이다. 그 때에 선혜라는 수행자가 있었는데, '부처가 세상에 나타났다.'는 말을 듣고서 직접 만나 가르침 듣기를 원했으며, 마침내 편력하며 교화하는 연등불을 만나게 되자 연꽃으로 부처에게 공양하고, 머리털을 진흙에 깔아 부처가 밟도록 했다.

연등불은 그에게 후세에 성도하여 부처가 되리라는 수기를 주었는데, 이 수행자 '선혜가 바로 석가모니 부처님이다.'는 내용이다.

Ⅳ. 불상의 존칭과 이름

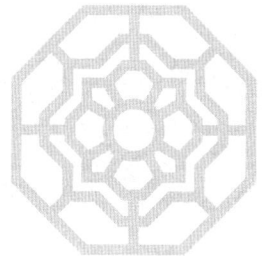

운문사 전경

불교공부 마음공부

V

보살의 이름과 형상

Ⅴ. 보살의 이름과 형상

　불교에서 보살(菩薩)이라는 이름은 부처를 일컫는 10가지 이름(여래 십호)중에 '여래', '조어장부', '불세존', '천인사', '무상시', '응공', '선서', '정변지' '명행족' 등 이름의 끝에 통칭적으로 부르는 이름으로 불렸다. 최근 들어 그 용어는 '깨우침을 구하는 중생'으로 상징하는 용어로 불리고 있는 게 사실이다. 우리나라와 같은 지역에서는 불교에 귀의하여 공부하는 여자신도를 흔히 '보살'로 부르기도 한다.

　간혹, 불교를 공부하다보면 부처님 외에 수많은 보살과 역대 조사님과 천하종사님이 있는데, 존칭과 역할 그 분들의 구도여행이나 경전의 위치에서 어떻게 배우고 익혀야 할지 모르겠다는 분들이 적지 않다.

　사실 역대 조사님들이나 천하종사님들도 그 많은 이름은 '부처가 중생을 구제하기 위해 각기 다른 모습으로 나타내는 33가지의 모습'중에 하나라고 설명하기도 하였다. '관음경'이나 '법화경'에 나타나는 보살을 향한 공덕과 기적행위는 중생을 위험으로부터 보호하고 구원하는 구세주의 모습으로 구현되고 있는데, 각 경전에 묘사되고 있는 여러 보살님 중에 대표적인 분들의 역할과 형태적 특징을 설명하면 다음과 같다.

V. 보살의 이름과 형상

1. 관세음보살

경전의 설명대로라면, 관세음보살은 석가모니 부처님 입멸 후에 미래 세상의 부처님인 미륵불이 세상에 오실 때까지 중생들을 각종 위험에서 구원하실 분이다. 그래서 머리에 쓰고 있는 보관(寶冠)에 '아미타불'이 묘사되어 있는 사유가 바로 이 때문이다.

일본과 같이 아미타 부처님을 주불로 모시고 수행하는 정토종에서는 관세음보살을 대세지보살과 함께 아마타불의 협시보살로 법당에 안치하고 있는데 이는 관세음보살이 죽은 망자를 서방정토로 인도한다는 종지를 구현한 것이다.

우리나라의 많은 종단 중에 '천태종'이나 '관음종'같은 종단에서는 관음경을 소의경전으로 하여 포교 원력을 세우고 있는데, 관세음보살의 모습도 10여 가지의 형태(모습)로 구현돼 있어 초발심 불자에게는 상당한 의심을 가질 수가 있다. 그러나 역할이나 불보살의 가피를 구현형태로 구분하면 아래와 같이 7가지로 크게 나눌 수가 있는데 성관음보살이 본 모습이라면 나머지 6가지 모습은 변화신으로 보면 된다.

(1) 성관세음보살

한 손에 연꽃을 든 채 앉은 모습이거나 서 있는 모습으로 구현되어 있으며, 하나의 얼굴에 두 개의 팔을 가진 평범한 형상이다.

(2) 천수관세음보살

천 개의 눈과 천 개의 팔을 가진 관음보살로, 대자비심이 무한하다 하여 '대비 관세음'이라고도 부른다. 우리나라의 경우 좌우 스무 개씩 양팔을 마흔 개의 손으로 표현하는데 이것은 불교의 우주관에서 지옥에서 극락까지 25단계로 나누기 때문에 25X40개는 1천개로 모아지므로 축약하여 표현된 것이다.

최근들어 청동으로 주조된 일부 천수관음상에는 손모양만 구현되어 있지만 인도나 스리랑카 같은 곳에서는 손마다 각기 다른 물건을 들고 있는 것으로 나타나있다.

(3) 십일면관세음보살

머리가 열 하나에 팔은 둘이나 넷인 형태로 구현되어 있는 분인데, 그 얼굴의 표현이 성을 내거나 웃고, 고민하고, 파안대소하는 중생들의 11가지 일상모습을 나타내고 있다. 인도에서 최초로 만들어진 불상의 모습이다.

(4) 준제관세음보살

과거 세상에서 여러 부처들이 설하신 불법과 다라니를 외워

V. 보살의 이름과 형상

수행하는 불자들에게 지혜를 열어준다는 분으로 18개의 팔을 가지고 중생의 괴로움과 고통을 보듬어준다는 보살의 모습이다.

(5) 불공경색 관세음보살

올가미 같은 밧줄이나 끈을 어깨에 걸치거나 몸에 두른 독특한 모습의 관음보살상인데 특정한 사유로 구속이나 영어의 상태에 있는 중생을 구제하시는 관음보살이다. 스리랑카나 태국의 사찰에서 흔히 볼 수가 있다.

(6) 마두관세음보살

말의 머리를 머리위에 얹고 있는 모습의 관음보살상이다. 유일하게 눈을 부릅뜬 성난 모습으로 구형되어 있는데 살생을 업으로 하거나 말이나 소, 코끼리, 낙타, 야크 등을 이용하여 돈을 벌거나 가축을 가르는 신도들이 참배와 예배의 대상으로 예경하는 관세음보살상이다.

(7) 여의륜관세음보살

보관을 머리에 쓴 모습은 여느 관음상과 같으나 6개의 팔을 가지고 있는 형태로 구현된 보살상으로 몸을 비스듬히 구부려 사유하는 모습으로 좌우 2개의 손에 여의주와 법륜을 든 모습이다.

2. 미륵보살

미륵보살은 석가모니 부처님 제세 시에 불법을 공부하고 수행을 하다가 열반에든 후 미래 세상에 나와 중생을 구제할 것이라는 부처님의 수기(예언)를 받은 분이다.

경전의 출처로는 '미륵상생경'과 '미륵하생경'을 근거로 하며, 현재는 도솔천에서 왕생하기를 기원하며 수행중인 상생신앙의 보살, 그리고 미래에 이 세상에 태어나 용화수 아래에서 성불하여 중생을 구제할 것이라는 하생신앙의 보살상이다.

'미륵3부경'을 출처로 한 '미륵상생경'과 '미륵하생경', '미륵성불경'을 요약해 보면, 미륵은 인도 부라만 집안에서 태어나 부처님의 제자가 되었다가 일찍 열반에 들었다.

그는 초발심 때부터 육식을 하지 않아 '자씨보살'로 불렸고, 석가모니 부처님으로부터 도솔천에서 4천살을 산 후에 인간 세상에 내려와 3번에 걸친 설법으로 모든 중생을 제도할 것이라는 수기를 받았다.

특히, 석가모니부처님을 대신하여 부처가 되어 설법한다는 의미에서 '보처보살'이라고도 불렀는데, 그 시대에 이르면 이미 부처가 되어 있기에 미륵불이나 미륵여래라고 부르고 있다는 점이다. 우리나라 국보 중에 '미륵반가사유상'은 '미륵보살이 미래의 용화세계를 생각하며 명상에 잠긴 자세라'하여 형상화한 모습이다.

3. 대세지보살

대세지보살은 관세음보살과 함께 아미타불의 협시보살이다. 그래서 '아미타삼존불'로 부르고 있다.

'대세지'라는 말은 '지혜의 광명으로 시방삼세 일체중생을 구원하는 힘이 크다.'는 것을 통칭하는 말로, '위로는 깨달음을 구하고 아래로는 중생을 교화한다.'는 상구보리 하와중생의 보살행을 뜻한다.

대세지보살의 위신력을 기록한 경전은 '관무량수경'으로 '이 보살의 몸은 관세음보살과 같고 원광을 지닌 채 온 세상을 폭넓게 비추고 있으며, 머리 꼭대기 육발(肉髮)위에는 '보배병을 이고 있다.'고 하였다. 그리고 '발을 한 번 구르면 산천대천세계뿐 아니라 마귀의 궁전까지 뒤흔들 힘을 지녔으며 몸은 자금색이며, 인연 있는 모든 중생들은 모두가 이 보살을 볼수 있다.'고 경전은 기록하고 있다.

그래서 불교 강원에서는 대세지보살은 지혜로 상구보리를, 관세음보살은 자비로써 하화중생을 담당한다고 가르치고 있다.

4. 문수보살과 보현보살

문수는 문수사리의 준말로 묘길상이라 불렀다.
석가모니부처님의 왼쪽에서 보좌하는 보살이며 부처님의

지혜를 상징하기도 한다. 그리고 보현보살은 부처님의 오른쪽에서 보좌하는 보살로 한량없는 수행과 서원을 상징하는 보살이다. 그는 부처님 입멸 후에 인도에서 태어나 반야사상을 널리 일으킨 수행자로 반야경을 결집 편찬한 부처님의 제자이다.

'화엄경' 속의 문수와 보현보살은 비로자나불의 협시보살로 삼존불로 묘사되고 있자. 문수보살이 지혜의 완성을 상징한다면 보현보살은 세상 속에서 실천적 구도자의 모습으로 구현되어 있다. 우리가 흔히 법당에서 볼 때 연화대에 앉아 오른손에는 지혜의 칼을 들고 왼손에는 푸른 연꽃을 든 모습이 바로 문수보살상이다.

문수보살은 중생제도를 위한 10대 서원을 세우는데 자비 희사와 넓은 마음으로 중생을 제도하여 정각을 깨닫게 한다는 등의 서원이 바로 그것이다.

우리나라 대부분의 절에서는 대웅전에 석가모니 부처님을 중심으로 왼쪽에 문수보살을 모시는 경우가 많고, 대적광전에도 비로자나불 왼쪽에 문수보살을 모시기도 한다.

보현보살은 중생의 목숨을 길게 하는 덕을 가졌다고 해서 '보현연명보살', '연명보살'로 부르는데 흰 코끼리를 탄 모습이나 연화대에 앉은 모습으로 형상화되어 있다.

출처 경전인 '화엄경' 속에 나타나는 보현보살은 비로자나불 밑에서 보살행을 닦았던 보살로 후세 구도자들에게 화엄경의 법계를 열어서 보여준 설법자로 보면 될 것이다. 보현보살은

V. 보살의 이름과 형상

부처님의 본원력에 근거한 가지 법에 의해 중생 이익의 대원을 세워서 수행하는 것을 목표로 수행하였는데, 이를 '보현행원'이라 하고 '보현보살의 10대원'이라고 부른다. 고려 광종때의 균여스님이 한문으로 엮은 화엄경을 풀어 사뇌가로 지은 '보현십원가'는 오늘도 유행하는 불교노래이기도 하다.

5. 지장보살

지장보살은 석가모니 부처님이 열반 후 미륵보살이 이 땅에 태어나 성불할 때까지 즉 부처님이 없는 시대에 사바세계의 중생들을 제도한다는 보살이다.

다시 말하면, 부처가 없는 세상에서 중생들의 일체의 행적을 책임지고 관리하는 보살이다.

저승세계의 명부를 관리하는 지옥의 10대왕을 거느리고 형상은 민머리에 특수한 가운형 두건을 쓰고 가사를 입었으며, 연꽃을 들고 바른손에는 보배구슬 또는 석장을 짚은 모습으로 형상화되어 있다.

그는 '모든 중생이 구원을 받을 때까지 자신은 부처가 되지 않겠다.'는 서원을 세워 '대원 본존지장보살'로 부르고 있으며,

지옥의 중생들을 제도하는데 목표를 두었기 때문에 사찰의 명부전에는 본존불로 모시고 있다.

지장보살에 관한 출처 경전은 '지장십륜경'과 '지장보살보원경' 그리고 점찰선악업보경'이다. 경전내용을 살피면, 지장보살은 이미 여래의 경지를 얻고 무생 법인을 얻었으며 시방삼세 중생들을 위하여 화장세계 부처의 땅에 머물고 있다고 기록하고 있다.

일반 사찰에서 지장보살과 관계된 불교의식으로는 매년 7월24일에 봉행하는 '지장재'와 칠월보름 백중날에 개최하는 '우란분회-조상 천도의식'이 있다.

6. 일광보살과 월광보살

일광보살과 월광보살은 약사유리광 정토세상의 대표적인 보살이다.

경전 출처는 '약사유리광경'으로 '광정경' 마지막 부문에 열거되어 있다.

'약사여래본원경'을 살피면, '두 보살 마하살이 있는데 하나는 일광이라 하고 또 하나는 월광이라 부른다. 그들은 무량무수 제보살 가운데 가장 우두머리이다, 그들이 세존 약사유리광여래의 정법의 장을 지닌다.'고 적고 있다.

'약사경'에는 약사여래가 보살행을 할 때 12대원을 발하여

V. 보살의 이름과 형상

삼계 중생의 질병을 치료하고 고통에서 구원한다고 하였다.

이 12대원은 다음 세상에 출연할 일광보살과 월광보살의 원이라고도 하였다.

이 두 보살은 어느 절에서나 따로 조성하지 않는다. 그 형상을 설명한 부문을 보면, 일광보살은 적홍색으로 왼손의 손바닥에 해가 그려져 있고, 오른손에는 천상에 피는 만주적화를 잡고 있다. 그리고 월광보살은 백홍 색으로 왼손의 손바닥에 달을 그려놓고 오른손에는 홍백의 연꽃을 잡고 있는 것으로 형상화되어 있다.

현재 회암사의 '약사삼존도'와 광덕사에 모셔져 있는 '약사불회도'를 살펴보면, 각각 해와 달을 표현한 보관을 쓰고 합장한 모습으로 그려져 있다.

7. 허공장보살

허공장보살의 이름은 정토신앙이 강한 일본에서는 널리 알려진 보살이지만, 우리나라에서는 그렇게 알려지지 않은 보살이다.

이 보살은 지혜와 복덕을 한량없이 베풀기 때문에 '허공장'이라는 이름을 얻은 분이다. 그래서 왼손에는 복을 상징하는 연꽃을 든 모습이고, 오른손에는 지혜를 상징하는 보검을 든 모습으로 형상화되어 있다.

보살의 이름이 나타나있는 경전의 출처는 '허공장보살경'으로 이 경전의 마지막 부문에 석가모니 부처님이 이 경전의 이름을 무엇이라고 할까요? 하는 제자 아난다와 미륵보살이 물음에 부처님은 '이 경전의 명칭은 중생들의 일체의 죄를 참회하는 다라니경' 또는 '일체 중생의 소원을 여의주처럼 만족하게 하는 경'이라고도 하고 '허공장보살경'이라고도 하느니라.'하고 말씀하신다.

　부처님은 '아무리 오랫동안 아뇩다라삼막삼보리의 마음을 내어 6바라밀을 수행하고, 일체 부처님에게 갖가지로 공양한다고 해도 이 허공장보살경을 독송하거나 베껴 쓰고 남에게 들려주는 일은 견줄 수 없는 공덕을 얻을 수 있다.'고 강조하셨다.

　이 경의 주요 내용 중에 소원성취 방법으로, 수인을 짓고 허장공보살 진언 100만 번을 왼다는 것으로 되어 있는데, 이 의식을 시작할 때 스님에게 관정의식을 받도록 하고 있다는 것이 특징이라 할 것이다.

V. 보살의 이름과 형상

선암사 주변풍경

불교공부 마음공부

VI

불교의 사물(四物)과 법구

Ⅵ. 불교의 사물(四物)과 법구

사물로 연주되는 소리는 중생들을 위한 부처님의 말씀을 상징한다.

일반 사찰에서 법회를 시작하거나 하루 일과를 시작하기 전이나 마칠 때 일상적으로 네 가지 악기를 사용하여 의식 전에 연주하는데, ①범종, ②대북, ③운판, ④목어 이 네 개의 악기를 통칭하여 사물이라고 부른다. 일반 불자들이 흔히 저녁 예불 전에 듣는 범종소리나 법고소리, 운판소리와 목어소리가 바로 그것이다.

그런데 이 악기마다 상징하는 뜻이 각기 다르다. 범종은 지하세계의 중생들을 위해 울림이 크고, 대북은 땅위에 발을 딛고 사는 사람이나 동물들, 그리고 흙을 자양분으로 하여 자라는 온갖 식물들을 위해 친다. 목어는 물속을 헤엄치는 물고기와 물속의 식물들을 위해 부처의 자비가피를 소리로 전하는 의식이다. 운판은 하늘을 나는 날짐승과 눈에 보이지 않는 아수라와 세상까지도 부처님의 가피를 청하는 의식이다. 이 네 가지의 악기를 이용하여 민간에 발전된 것이 '사물놀이'이다.

불교의식으로 연주하는 사물의 연주목적과 뜻을 개괄적으로 살펴보면 다음과 같다. 큰 사찰에서는 이 사물을 '범종루(梵鍾樓)'라는 별도의 건물을 짓고 한 장소에서 연주하고 있다.

VI. 불교의 사물(四物)과 법구

1. 범종(梵鍾)

본래 종은 예로부터 동서양 모두 시간을 알리거나 집회를 알리기위해 타종하던 상징적 물건이었다. 그것이 의식용으로 발전한 것이 기원전 2천 년대로 올라간다. 절에서는 이 종을 '범종'이라고 부르는데 '범(梵)'이란 말은 '깨끗하다'는 뜻이다.

의식을 진행할 때 절에서는 모두 28번의 종을 친다. 이것은 불교에서 가르치는 28개의 하늘세계를 뜻하는 것으로 모든 하늘나라의 대중들에게 부처님의 공간으로 모이라는 알림을 전하는 의식이다.

범종의 타종은 주로 아침과 저녁 예불을 올릴 때 치지만, 산중에 불이 나거나 외적의 침입등 긴급한 사항을 알릴 때는 특정한 간격을 두지 않고 타종한다. 그리고 산중에 수행자가 죽음을 맞이할 때에는 임종과 동시에 108번을 타종하는데 이 종소리를 산중에서는 '열반의 종소리'로 범천 스물 여덟개 하늘 세상에 고한다는 의미를 가지고 있다. 또한, 범종의 겉 표면에 비천상이 조각되어있는 것은 하늘사람들을 소리로 맞이한다는 의미도 포함되어 있다.

우리가 알고 있는 범종으로는 경주 국립박물관에 소장되어 있는 '성덕대왕 신종(속칭 에밀레종)'과 국보 36호로 지정된 상원사의 범종이다.

2. 법고(法鼓)

절에서 치는 큰북을 진리를 전하는 북이라는 의미로 '법고'라고 부른다.

법고는 예불을 드릴 때와 의식을 진행할 때 주로 치는데 북소리가 널리 펴져나가는 것처럼 마음을 깨우고 부처님의 가르침이 널리 펴져서 땅위에 발을 디디고 사는 짐승들을 깨우쳐 육도윤회에서 벗어나길 기원하는 의미를 담고 있다.

법고(큰북)제작은 흔히 두 마리의 소가죽을 사용하였는데, 오른쪽 면에는 수소, 왼쪽에는 암소의 가죽을 각각 부착하여 음양의 소리를 맞추었다. 그리고 북을 타격할 때는 양손에 두 개의 북채를 마음심(心)자를 그리면서 치는데 몸의 중심을 북에 의지하여 마음의 눈을 뜨고 서원을 되새기라는 간절한 마음을 담아야 한다.

3. 목어(木魚)

나무로 물고기를 만든 것인데 아래쪽 내장을 모두 비운 몸통의 형태를 말하는데 두 개의 막대로 엇비껴 치는 형태로 연주한다. 이 연주를 '방'라고도 부르는데 물속의 중생들에

VI. 불교의 사물(四物)과 법구

이르기까지 부처님의 가르침이 전해져 그들을 제도하려는 의미를 가지고 있다.

목어는 머리와 꼬리가 사라진 상태로 변화되어 '목탁(木鐸)'이 되었는데 목어는 청개구리 같은 심보를 가진 행자승의 전설이 전해오기도 한다. 그것은 어느 시대에 행자승이 스승의 가르침을 따르지 않고 물고기로 태어나서 후회하다가 결국 다른 사람의 기도 원력으로 다시 사람으로 태어나 물속중생을 지도하는 법사가 되었다는 설화이다.

목어는 목탁과 함께 그 소리만으로 정진과 게으름을 경계하는 의식기구이다.

4. 운판(雲板)

운판은 아침저녁 예불이나 참선을 할 때 여러 대중들에게 그 시간을 알리던 청동으로 만든 구름무늬나 보살상, 경전 구절 혹은 밀교의 큰 주문인 육자대명왕진언 '옴마니반메훔'을 범어 그대로 새겨 놓은 판을 말한다.

이 운판의 타종은 허공에 날아다니는 날개를 가진 새나 나비와 벌, 하루살이와 같은 하찮은 미물과 같은 중생들과 우리 눈에 보이지 않는 아수라 세계의 중생들에게까지 부처님의 법음을 들려주고 그들의 괴로움과 아픔을 치유할 수 있는 용기를 주는 의미를 가지고 있다.

이 운판의 타종 숫자는 8번 혹은 15번을 쳤는데 고려시대에는 아침에 8번 저녁예불시에는 15번을 타종한 것으로 알려지고 있다.

운판은 범종 루에 대북이나 목어와 같이 설치하고, 순서에 의해 타종하는데 중국 북조시대나 티베트에서는 공양 간에 매달아놓고 공양시간을 알리는 기구로 사용하기도 했다.

5. 기타 법구

① 다기(茶器)

부처님 앞에 청정수를 올리는 그릇을 지칭한 말이다. 아침에는 차를 저녁은 향을 올린다.

② 염주(念珠)

이 염주는 부처님을 생각하기 위한 구슬로 염불의 도구이다. 부처님께 예배할 때 손에 걸거나 돌리며 부처님을 간절히 생각하며 수를 헤아려 잡념을 없애고 정신을 한 곳에 집중시키기 위해

VI. 불교의 사물(四物)과 법구

사용하는 법구중에 하나이다. 종류에는 백팔염주, 천염주 등이 있고, 7개, 16개, 21개의 손목용 단주가 있다.

③ 죽비(竹篦)

죽비란, 대나무를 두 쪽으로 갈라지게 만든 것으로 손바닥을 쳐서 소리를 내는데, 참선의 입정과 출정을 알리기 위해 사용하며 각각 3번씩 친다. 장군죽비는 대형 죽비로 대중이 모여 참선할 때 양쪽어깨를 두 번씩 쳐서 졸음을 쫓는 도구로 사용하고 있다.

④ 요령(搖鈴)

의식을 치를 때 오른손으로 잡고 흔드는 놋쇠로 만든 물건이다. 그런데, 의식에서 요령을 잡은 사람이 '법주', 목탁을 잡은 사람이 '바라지'이다. 요령 사용법에는 일정한 위치에서 흔드는 일자요령, 심자(心字)요령, 위 아래로 흔드는 상하요령이 있다.

금선사 미륵전

불교공부 마음공부

VII

염주의 종류와 상징

Ⅶ. 염주의 종류와 상징

 염주는 염불의 숫자를 헤아리는 도구로 알려져 있지만, 부처님 제세시에 귀족들이 옥으로 만든 구슬목걸이에 집착하는 것을 보고 수행에 필요한 용구로 사용법을 일러주심에 널리 권장된 도구가 되었다.

 '금강정유가염주경(金剛頂瑜伽念珠經)에 염주의 종류를 다음과 같이 설하고 있는데, 큰 것은, 1080 주. 중간은 108 주. 중소(中小)는 54 주. 소(小) 29 주나 14 주를 꿰여 사용해도 된다고 하셨다.

 우리가 많이 사용하는 108 주는 인간의 번뇌(煩惱)가 눈, 귀, 코, 혀, 몸, 치아등 육근(六根)과 색(色)성(聲) 향(香), 미(味),촉(觸),법(法), 육진(六塵) 그리고 대상(對象)을 보고 느끼는 고통과 슬픔이 36종이 된다고 하셨다.

 이것이 과거. 현재. 미래를 삼세(三世)라 하며 삼세를 합쳐 오는 번뇌가 108 번뇌라 하여 108 염주를 사용하나, 어떤 염주는 108 개 외에 두 개의 구슬을 더하여, 주불(主佛)이라 하여 위의 것은 '석가모니불'이라 하고, 아래 것은 '지장보살'이라 하며, 또 어떤 것은 '아미타불'과 '관세음보살'이라고 하는 염주도 있다.

 염주는 수주(數珠)라고 하며 염불할 때나 진언을 외울 때,

VII. 염주의 종류와 특징

또는 절을 할 때에 그 수를 헤아리기 위해서 사용하는데, 염주 하나를 굴릴 때마다 번뇌가 끊어짐을 상징하므로 일념으로 염주를 돌릴 때 부처님 광명이 자신에게 충만해지고 죄업이 소멸된다는 의미를 갖는다.

염주를 사용하는 방법은 일반적으로 오른손에 들고 엄지손가락을 이용하여 불. 법. 승 삼보의 명호를 부르면서 하나씩 앞으로 넘기며, 불보살께 예배할 때는 수가 많은 염주는 팔에 감거나 목에 걸기도 한다.

① 염주의 종류(金剛頂瑜伽念珠經元)
가. 자거주(자거珠) 나. 목암주(木암珠) 다. 보리자주(普提子珠) 라. 연자주(蓮子珠) 마. 금강자주(金剛子珠) 바. 동주(銅珠) 사. 수정주(水晶珠) 아. 진주주(珍珠珠) 자. 월성주(月星珠), 차. 율모주가 있다.

② 108번뇌(煩惱)의 출처
육근(六根·눈, 귀, 코, 혀, 몸, 마음)이 육진(六塵·色, 聲, 香, 味, 觸, 法)을 대할 때 저마다 호(好), 오(惡), 평등(平等)의 세 가지로 18번뇌를 일으키고, 고(苦), 락(樂), 사(捨) 3애(愛)가 있어 18번뇌를 일으키니 모두 합하여 36번뇌가 된다. 여기에 과거, 현재, 미래 3세(世)를 배(配)하여 108번뇌가 된다. (예:六根, 六塵×好, 惡, 平等, 苦, 樂, 捨 = 36x3=108) 그래서

109

108개의 염주를 꿰어 만든 108염주가 많이 생산되어 절을 하며 108번뇌를 끓는다는 의미로 보급되고 있다.

③ 염주의 공덕

휴정스님은 외적이 침입하고 흉년이 들고 질병이 유행하여 백성이 불안할 때 '목암주로 만든 108염주를 항상 휴대하고 행(行)·주(住)·좌(坐)·와(臥)에 염불하고 나무불·나무법·나무승 삼보를 염송하되 열 번, 백번, 천 번, 만 번, 백만 번 외우면 몸과 마음이 편안해지고 모든 장애가 없어질 것이라.'했다.

'금강정유가염주경(金剛頂瑜伽念珠經)'에서는 보리자 염주를 갖는 것이 가장 공덕이 많다는 말씀이 있다.

④ 염주의 위치

목에 걸 때에는 모주(母珠)가 목뒤로 오게 걸어야 하고 벽에 걸 때에는 모주(母珠)가 위로 오게 걸어야 한다.

염주를 돌리면서 염불할 때 처음 모주에서 시작하여 모주를 넘어 계속 돌아가며 사용해야 한다.

Ⅶ. 염주의 종류와 특징

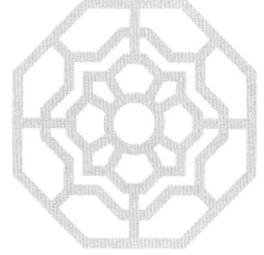

등명낙가사원통보전

불교공부 마음공부

VIII

스님을 대할 때의 예의

Ⅷ. 스님을 대할 때의 예의

스님은 삼보 중에 승보에 속하며 부처님을 대하듯 공경하는 마음으로 귀의해야 한다. 절 안에서나 혹은 길에서 스님을 만나면 반드시 합장하고 인사를 드리고, 처음 만나는 모르는 스님이라도 항상 경건한 마음으로 대해야 한다. 통상 길에서 만나는 스님께는 반배의 예를 표하는 게 바람직하다.

그리고 속가의 친구라고 해도 스님의 이름은 함부로 불러서는 안되며, 스님에 대하여 개인사나 출가전의 이야기등 타인에게 말하는 것도 삼가해야 한다.

1. 스님의 호칭

(1) 회주(會主)스님
절에서 이루어지는 모든 법회를 주관하는 법사이며, 하나의 교단 모임(會, 一家)을 이끌어 가는 큰 어른을 말한다.

(2) 법주(法主)스님
불법을 잘 알아서 어떤 불사(佛事 : 불교의 행사)나 회상(會上 : 모임)의 높은 어른으로 추대된 스님을 일컫는다. 일반적으로 작은 절에서는 회주스님이 겸한다.

(3) 조실(祖室)스님

선(禪)으로 일가를 이루어서 한 교파의 정신적 지도자로 모셔진 스님. 원래는 조사(祖師)의 내실(內室)을 의미하는 것으로 일가를 이룬 스님이 주사찰에 주재함을 의미한다.

(4) 방장(方丈)스님

총림(叢林)의 조실스님. 원래는 사방 1장(丈)인 방(房) 이란 뜻으로 선사(禪寺)의 주지스님이 쓰는 거실인데, 그 뜻이 변하여 선사의 주지를 일컫게 된 것이다. 요즘에는 총림의 조실스님을 방장이라 일컫는다.

(5) 도감(都監)스님

사찰에서 돈이나 곡식같은 삼보정재에 관한 일을 맡아보는 일이나 그 사람을 총칭하여 부르는 말로 규모가 작은 사찰에서는 부주지나 공양주스님이 소임을 겸한다.

(6) 부전(副殿)스님

법당의 관리와 운영을 맡아 시봉하는 소임을 말하며, 예식·불공 등의 법당에서의 이뤄지는 일체의 예절을 집전하는 스님을 말한다.

(7) 지전(知殿)스님

전주(殿主) 스님이라고도 하는데, 절에서 법당에 대한 청결, 향, 등, 등의 일체를 맡은 스님으로 대웅전이나 다른 법당을 맡은 스님을 노전스님이라 하여서, 큰 방 불단을 부전과 구별하고 있는데. 흔히 법당에서 의식, 범패를 맡은 스님을 부전이라고도 부른다.

(8) 주지(住持)스님

사찰의 업무중에 행정을 총괄하고 집행하는 스님을 말하는 선종의 용어이다.

(9) 원주(院主)스님

사찰의 사무를 주재하는 스님. 감사(監寺), 감원(監院) 으로 사찰의 살림살이를 맡는 스님을 말한다.

(10) 강사(講師)스님

강원에서 경론(經論)을 가르치는 스님을 말하는 것으로, 강사스님을 높여서 강백(講伯)이라고도 부른다.

(11) 칠직스님

대한불교조계종의 종헌에 의해서 교구본사에 반드시 임명되어야 할 7명의 소임을 말하는 것. 본사의 경우 포교국장,

기획국장, 호법국장, 총무국장, 재무국장, 교무국장, 사회국장 등이 있다. 칠직 스님들은 중앙종무기관의 해당 부서와 연관된 업무를 담당하며, 일부 규모가 큰 사찰은 이 7직의 일부만 임명하는 경우도 있다.

2. 법사(法師)와 포교사

부처의 가르침에 정통하고 교법(敎法)의 스승이 되는 승려를 이른다.

불교학교에서는 교법사로 통칭하고 어린이청소년 법회가 개설된 사찰에서는 교리나 불교의 예법을 지도하는 스승으로 일반법회에서는 기초적 교리를 가르치는 스님을 법사로 부른다. 포교사는 사찰뿐만이 아니라 일상적인 모임에서 일반대중을 위해 불교를 가르치거나 법을 전하는 분을 말한다.

3. 재가(在家)와 거사(居士)

남자신도는 우바새(優婆塞), 여자신도는 한자용어로 우바이(優婆夷)라 하여 남자 출가자인 비구와 여자 출가자인 비구니와 함께 불교 교단의 사부대중(四部大衆)으로 구분한다.

재가 불자들인 우바이 우바새는 출가하지 않고 일상생활을 하면서 출가수행자들을 위하여 의복과 음식·약 등을 제공하여 수행에 전념할 수 있게 도움을 주고 사원과 불탑을 관리하는 일도 맡았다. 유교문화가 큰 영향을 미치던 동양에서는 처사라는 말과 남자신도를 일컫는 우바새라는 명칭이 혼용돼 쓰이고 있는데 바른 명칭은 우바새이다.

4. 비구(比丘) 와 비구니

비구는 출가하여 불교의 구족계(具足戒)인 250계(戒)를 받고 수행하는 남자승려를 말한다. 출가한 남자가 사미(沙彌)를 거쳐 20세가 넘으면 250계를 받을 수 있는 자격이 주어지는데, 이를 구족계라고 하며, 구족계를 받으면 비구가 된다.

비구에게는 지켜야 할 5가지 덕이 있다.

(1) 사유재산을 모으지 않고 걸식하며 살아간다.
(2) 번뇌·망상을 깨뜨려버린다.
(3) 탐욕과 분노와 무지로 불타고 있는 데서 뛰쳐나와 해탈의 자리에 머무른다.
(4) 계율을 청정하게 지킨다.
(5) 외도와 그가 추구하는 사상이나 악마를 두렵게 여긴다는 것이다.

비구는 4~5년간 강원에서 수학하여 교·학을 익혀야만 한다.

VIII. 스님을 대할 때의 예의

비구니는 출가하여 불교의 구족계(具足戒)인 348계(戒)를 받고 수행하는 여자 승려를 말한다. 출가한 여자가 사미니(沙彌尼) 생활을 거쳐 2년 동안의 시험기간인 식차마나(式叉摩那)로 있다가 348계를 받고 이 구족계를 받으면 비구니가 된다.

5. 사미(沙彌)와 사미니(沙彌尼)

사미(沙彌)라는 말은 출가하여 10계를 받은 남자로, 구족계(具足戒)를 받아 비구(比丘)가 되기 전의 수행자를 일컫는 말이다. 그리고 여자 사미를 사미니라고 하는데 춤과 노래를 보고 듣는 것, 향수를 바르고 몸을 단장하는 것, 높고 큰 평상에 앉는 것, 금은 보물을 지니는 것 등을 금지하는 10가지이다.

우리나라에서는 각 교구에 강원을 두고 출가한 사미와 사미니에게 일정기간 절의 법도와 계율을 공부시키는 교육원을 두고 있다.

분황사 전경

불교공부 마음공부

IX

우리나라의 큰스님들

Ⅸ. 우리나라의 큰스님들

우리나라에 불교가 전래된 것은 삼국시대인 4세기 말이다.

고구려의 소수림왕 때인 서기 372년 '전진'이라는 승려가 불상과 '법화경'과 '아함경'등 경전을 가지고 고구려에 전한 것을 시초로 보고 있다. 신라는 미추왕때 모레장자의 집에 아도화상이 불교를 전파하려한 설화가 있으나 공식 기록자료로 나타난 내용은 제19대 눌지왕(417-458)때이다. 그리고 정식으로 왕실로부터 공인된 것은 법흥왕 때 성사 이차돈의 순교로 국교로 받아드렸다. 특히 이차돈의 순교는 의도된 순교로 이적이 나타남으로 왕이 정식 국교로 선포하는 기회로 삼았다는 점이다.

또한, 백제에서는 침류왕 때인 384년 동진의 '마라난타' 스님이 전하였고, 고려시대에 와서는 왕건이 전국에 많은 기원사찰을 세웠으며, 광종 때는 과거제도에 승과를 설치해서 훌륭한 스님의 배출을 돕기도 했다.

이 책에 소개하는 스님들은 우리 역사를 통해 우리 겨레의 실 생활과 정치에 크게 기여했거나 기행이 남달라 아직도 우리 현대인이 기억하는 삼국시대부터 조선조에 이르기까지 큰 스님중에서 몇 분을 소개한다.

IX. 우리나라의 큰스님들

1. 승랑법사 담징스님

(1) 승랑법사

고구려의 스님들 중에 승랑법사는 장수왕때 요동에서 태어났다.

30세가 되던 해 중국 남북조시대에 유학길에 올라 돈황까지 가서 담경선사에게 불법을 배우고, 절강성의 후이지산에 들어가 수행하며 이때 구라마습 존자를 만난다. 그에게 삼론학의 진수를 전수받고 강남 종산 초당사에 머물면서 '삼론학'을 체계있게 정리하여 제자들을 가르치기 시작했다. 그리하여 승랑법사는 중국 삼론종의 제3대조가 된다.

이 무렵, 스님이 삼론학을 강설하기 전에 중국에서는 구마라습 존자로부터 승조대사에게 이어지는 삼론학이 성실론이라는 소승적 유사상에 영향을 받아 본래의 뜻이 바르게 전해지지 않고 있었다. 스님은 이를 안타깝게 생각하고 새로운 방법으로 고찰하여 이론을 세우고 제자들을 가르쳤다.

스님은 과거의 삼론학을 '고삼론'이라 하고, 그가 주창한 '순수삼론학'을 '신삼론'이라하여 가르쳐 그의 학문적 역량이 널리 떨치게 되자 조정에서는 '하서대량(河西대량)' 독보하서(獨步河西)라는 종교적 사상가에게 부여하는 최고의 칭호를 받는다.

어느 날, 양무제가 남경(현재의 난징)에 있을 때 승랑의 법문을 듣고 감동하여 우수한 학승 10명을 선발하여 스님 휘하에서 삼론을 배우게 한 기록이 있는데, 이들이 바로 승전, 혜령, 학통스님 등이며 이들중에 승전 스님이 바로 승랑의 법제자가 되어 중국 삼론종의 법통을 이어 받는다.

불교에서 승랑법사의 위치는 한국인으로 유일하게 중국에 불교를 가르친 최초의 인물이며 학승이었다는 점이다. 그가 열반한 후 제자 길장은 조정에서 하사한 칭호를 다시 그의 저서 '대승현론', '이제의' 등에서 밝혔는데, '섭령대사', '섭산대사', '대량법사', '남대사'라는 칭호가 그것이다.

(2) 화가 담징스님

승려 화가로 담징은 생몰 연대는 나타나 있으나 그의 출가와 수행 이력이 구체적으로 적시된 기록은 현재 남아있지 않다. 일본서기와 고려사지등에 기록을 참고하여 재구성하면, 고구려 평원왕 21년이 되던 해인 서기579년에 남악에서 태어나 31살이 되던 해 일본국왕의 요청에 의해 영양왕이 사찰의 탱화를 그릴 화가로 담징을 추천한 것으로 '일본서기 권22권, 추고천왕 18년(610년)'에 기록이 나온다.

스님은 이 때 백제를 거쳐 일본에 가면서 일본에 종이 제조법과 먹을 만드는 법을 전수하였고, 탈곡(脫穀)을 위한 연자방아와 맷돌 제작방법을 전수한 것으로 알려지고 있다. 일본서기 뿐 아니라 '일본고승전요문초'라는 고승전의 기록을

IX. 우리나라의 큰스님들

보면, '담징과 함께 동행한 법정스님은 사서오경(四書五經)에 능통하고 그림을 잘 그렸으며, 종이와 먹 제조법을 가르쳤고, 민간에 물레방아와 맷돌을 전해서 수확한 곡식의 도정일에 획기적인 변화를 주었다.'는 부분을 적고 있다.

'호류지'는 일본 왕실의 쇼토쿠 태자가 세운 현존하는 일본 최초의 목조건물로 지은 사찰로 스님은 석가모니와 아미타불, 미륵불, 약사대불로 구성된 사불 정토도인 '금당벽화(金堂壁畵)'를 그렸는데 이 벽화는 12폭의 석가모니 부처님과 천정과 벽면에 그린 40개의 그림으로 완성하였다.

현재는 화재로 소실되어 복사품이 전시되고 있다.

이 탱화는 현재 모사품이지만 '경주 석굴암'과 중국 '운강석불'과 함께 동양의 3대 불교미술작품으로 유네스코가 지정 보호되고 있다.

스님은 호류지 금당벽화를 완성한 뒤 호류사에 머물며 오경과 불법을 가르쳤고, 이 절에서 650km나 떨어져 있는 쿠슈의 관세음사로 거쳐를 옮겨 사찰을 준공하고 탱화를 그릴 적색돌을 갈기위해 만든 맷돌이 경내에 유물로 남아있다.

우리 역사를 통해 불교미술과 사상을 일본에 전한 것은 승려화가 담징의 이후에도 국제교류 차원에서 삼국시대뿐 아니라 조선시대에도 그 교류가 활발하게 이루어졌다. 스님은 영류왕 14년 세수 52세로 열반에 들었다.

2. 원광과 원측 스님

(1) 원광법사

스님은 진흥왕 3년에 태어나 선덕여왕 9년 640년 99세의 나이로 황룡사에서 입적하였다.

신라 귀족출신으로 13세 때 출가하고 30세 때 경주 삼기산 가실사에서 수행생활을 한 것으로 전해지지만 왕실의 추천으로 남중국 진나라에 25세 때 유학한 것이 정도로 알려지고 있다.

기록에 의하면, 원광법사는 금릉의 장엄사에서 승민법사로부터 불교에 입문해 초기 경전인 반야경과 열반경, 아함경을 공부하고 대중법회를 열었는데, 많은 사람들이 감명을 받고 불교에 귀의해 '그의 부처님 가르침을 들으면 한밤중에 빛을 만난 것처럼 머리가 환해진다.'는 말이 회자되어 '원광'이라는 세인들로부터 법호를 받았다고도 전해진다.

스님은 화랑도의 근본이념이 된 세속오계를 만들었고, 당시 중국에 한자로 번역되어 전해지던 '아함학', '성실학', '열반학', '섭론학'의 학문적 체계를 연구하여 신라 최초로 불성론(佛性論)의 깊이와 내용을 설명한 '여래장경'의 주석서를 발행한 분이다.

그가 유학에서 돌아왔을 당시 각 사찰에서는 도교의 점술법이 유행하여 스님들이 점을 치는 많아 올바른 교화법이 아님에도 쉽게 척결되지 않을 것을 짐작하고, 교화방편으로

IX. 우리나라의 큰스님들

점찰법을 실시하게 하여 불교의 사상적 배경이 악행을 막고 선행을 권장하는데 앞장섰다. 그리고 서기 613년 황룡사에서 수나라 사신 왕세의가 '호국불교 백고좌법회'를 열 때 이를 주관했으며, 초기경전의 주석서인 '여래장경사기' 3권과 '여래장경소'가 있으며, 삼기산 금곡사 계곡에 부도탑비가 남아있다.

(2) 원측스님

스님은 진평왕 35년 서기 613년 신라 왕족의 한사람으로 경주 모량부에 태어나 3살 때 동진 출가하여 신라 32대왕인 효소왕 5년에 황룡사의 말사인 '불수기사'에서 입적한 분으로 신라의 불교학 체계를 정리한 분이시다.

어릴 때 이름은 문아(文雅). 신라 왕족의 자녀로 중국에 유학하여 15세 때 유식학(唯識學)을 배웠는데, 당나라의 태종이 그이 총명함을 전해 듣고 출가를 허락하여 원법사에 머물렀다. 중국어와 범어를 비롯하여 6개 국어를 통달하여 팔리어 불교경전을 중국어로 번역하는 일에 책임감수자로 참여하였다.

현장법사가 인도 구법여행에서 돌아오자 다시 '유식학'의 대강을 다시 배우고, 인도 승려 '지바하라'가 가져온 '대승밀엄경'과 '대승현식경'을 한문으로 번역하였으며, 귀국해서는 종남산 운제사에 머무르며 '보우경'과 실타난타 승려가 우전국에서 가져온 '화엄경'을 번역하였는데 완성을

127

보지 못하고 입적한다.

원측은 당나라 고종의 황후인 '측천무후'가 살아있는 부처처럼 존경하여 신라 신문왕에게 수차례 원측대사의 귀국을 요청할 정도로 중국이나 고구려와 신라 백제에도 이름이 널리 알려져 있던 스님이다. 현재 중국 시안 흥교사에 그의 탑묘가 남이 있고 탑묘안에 원측대사의 초상이 새겨져 전해지고 있다.

그가 입적하고 다비 후에 제자 자선과 승장이 사리를 나눠 용문산 향산사와 종남산 풍덕사, 중국 흥교사에 사리탑을 세웠다는 기록이 남아있다.

우리나라 고승의 저서로는 유일하게 '해심밀경소'가 제자 법성(法性)스님에 의해 티베트어로 번역되었으며, 주요 저서로는 '해심밀경소' 10권, '성유식론소' 20권, '주별장' 3권, '유식이십론소' 2권 '인왕경소' 6권 등이 전하고 있다.

3. 자장율사와 대안스님

(1) 자장율사

자장스님은 신라 왕실 진골출신이다.

부모가 관음보살에게 기도하여 사월초파일에 출생하였다. 그의 부모가 세상을 떠나자 출가하여 선덕왕 7년에 당나라로 유학하여 장안의 공관사에서 법상승려를 은사로 수행하였다는 기록이 있다.

그가 출가한 동기는 어릴 때부터 살생을 즐기며 놀기를 좋아했는데, 그의 부모상을 당해 묘를 짓고 돌아오는 길에 꿩을 발견하고 잡으려하자 그 꿩이 눈물을 흐리는 것을 보고 홀연히 깨우친 바가 있어 그 길로 출가했다는 이야기가 전하고 있다.

속가의 이름은 '선종'으로, 처음 출가해서는 산으로 들어가 시신을 앞에 놓고 그 시신이 허무러져 백골화 되어가는 과정을 지켜보며 수행하는 고골관(枯骨觀)을 염했다고 한다.

자장율사가 활동하던 시기는 신라가 삼국통일의 과업을 수행하려던 시기로 그의 역할은 당나라와 신라와의 국제관계, 대중포교를 통한 국민 통합적 의미로나 정치적으로 많은 역할을 담당했던 분이다.

자장은 귀국할 때 한역 대장경 한질을 가져와 양산 통도사에 봉안하고, 분황사에 머물면서 '섭대승론'을 비롯하여 대승경전을 가르치며 부처가 율법으로 가르치신 '십송율목치기'와 '사분율 갈마사기'등 계율에 관한 설법을 들려줌으로 율사라는 말을 듣게 되었다. 황룡사 사찰기에 기록을 보면 자장이 7일 동안 '보살계본'을 강의할 때 마른하늘에서 단비가 내리고 구름안개가 자옥이 끼어 강당을 덮었다는 현장묘사 부문이 전하고 있다.

그리고 삼국유사 '자장정율조'의 기록을 보면, '나라에서

계를 받고 불법을 받드는 집이 10집의 아홉 집이나 되었으며, 머리를 깎고 승려가 되기를 원하는 자가 해마다 불어났고 이에 통도사를 창건하고 계단을 쌓았다.'고 하였다.

자장은 강원도 오대산을 중국의 오대산과 견줘 문수보살의 상주도장으로 설정하였고 신라에 화엄사상을 처음으로 소개한 분이기도 하다.

자장율사가 입멸 후에 그는 흥륜사 금당에 신라 10성인의 한 분으로 봉안되었으며, 저서로는 '아미타경소', '아미타경의기', '사분율마사기', '십송율목차기', '관행법' 각 1권씩을 저술한 것으로 알려지고 있으니 현존하지는 않는다.

현재 통도사 대웅전 적멸보궁 쪽에 적혀있는 주련(柱聯) 내용이 자장의 불탑게라고 전하는데 혜강 규진의 글씨로 전하고 있다.

示跡雙林問幾秋 (시적쌍림문기추)
文殊留寶待時求 (문수유보대시구)
全身舍利今猶在 (전신사리금유재)
普使群生禮不休 (보사군생예불휴)

묻나니, 쌍림에서 열반에 드신 지 그 몇 해인가
문수보살이 보배를 가지고 때를 기다렸네.

IX. 우리나라의 큰스님들

부처님 전신사리가 지금 여기에 있으니
수많은 중생들로 하여금 쉼 없이 예배케 하라.

(2) 대안스님

　대안스님은 원효의 속가 고향인 불지촌 지금의 경산에서 서기 571년 6월에 태어났다. 원효대사에게는 어린 시절부터 알고 지내던 동네형님이요 원효가 백제와의 전쟁에서 요석공주의 부마 시신을 거두어 오고, 함께 출정했던 많은 화랑들이 사망에 이르자 인생의 덧없음을 알고 당시 거지스님으로 알려진 이 대안스님을 찾아 출가하였으니 원효스님에게는 법계의 스승이기도 하다.

　스님은 항상 부처님처럼 시체를 감쌌던 분소의(糞掃衣)를 거둬입고 다녔으며, 그것도 낡고 찢어지면 전쟁터에 버려진 병사들의 군복을 주워 덧대어 꿰매 입고 다녀서 누가 보아도 거지차림의 이상한 모습이었다. 늘 구리사발을 들고 다니며 '대안 대안!' 하고 외치고 다녀 신라의 어린이들도 그의 이름을 알 정도로 널리 알려진 걸승이기도 했지만, 원효의 무애행이 대안대사의 '아무런 걸림이 없이 무소유를 실천한 자비행과 방생의 사상'이 바탕이 된 것이 사실이다.

　그 무렵, 왕실의 후원아래 불교가 널리 민간에 전파되자 많은 스님들이 중국과 인도를 여행하며 여러 경전을 들여왔는데, 궁중에서는 이렇게 들어온 많은 경전을 체계 있게 정리할

131

분으로 대안대사를 부르자 그는 왕실로 들어가지 않고 정리할 경전을 가져오게 해서 먼저 '금강 삼매경'을 경의 순서를 맞춰 8품으로 정리하여 이 경은 원효스님만이 강의 할 수 있다고 추천하였을 정도로 자신을 낮추어 보인 분이다.

한때, 대안대사가 젖동냥을 나선 일을 두고 '원효대사의 스승인 대안대사가 파계하여 부인을 얻어 자식까지 낳아 기른다.'는 소문이 돌았다. 원효가 스승의 기행을 보고받고 창피하여 대안스님을 미행하였는데 어미를 잃은 6마리의 새끼너구리를 살리기 위해서 젖동냥으로 기르는 것을 보고 큰 감명을 받는다.

원효는 인간이나 짐승에게 한량없는 무량심을 보이시는 스승의 자비심을 보고 낙동강 대홍수시에 수많은 인명을 구하고 무애춤을 추며 인간방생을 실천한다.

또 하나의 설화는 왕비가 뇌종양으로 사경을 헤매자 스님이 '용궁에 비책이 있으니 용궁에 가서 비책을 알아보라.'고 전하는데, 사신이 용궁에 가니 용왕이 금강 삼매경을 주며 '대안대사만이 이 경을 강의 할 수 있다.'는 말을 듣고 와 전하였다. 이에 대안스님은 '인간의 삼악도도 구제하지 못하는 거지 중이 누구를 가르치겠느냐?'며 사양하였다.

IX. 우리나라의 큰스님들

4. 백제의 겸익스님과 신라의 혜초스님

(1) 겸익 스님

백제의 승려 겸익 스님은 신라승려로 인도 구법여행기 '왕오천축국전'을 쓴 혜초스님보다 2백년 앞서 인도의 구법여행을 떠나 부처님의 율법을 모은 오부 율장. 즉, '사분율', '십송율', '오분율', '해탈율', '마하승기율'을 가지고 들어와 번역하여 제자들을 가르치신 선승이다.

백제는 고구려의 첩자 도림승려에 의해 개로왕이 고구려군에게 아차 산까지 끌려가 죽임을 당하고, 충청남도 공주로 천도한 후 점차 국력을 키우고 있던 무렵이었다. 종교적 측면에서는 서기 384년 동진을 건너온 마라난타 스님이 불교를 전한이래. 남조국가들과 교류를 하고 있었지만, 승려 한사람의 농간으로 국가가 전복(한성 백제)된 직후라 스님이 유학을 결심할 무렵에는 불교에 대한 인식이 나빴고, 율법을 어기는 경우가 많아 율법을 재정비할 필요성을 고려하고 있을 때였다.

스님은 백제 25대 임금인 무령왕 22년에 중국 상인의 배를 빌어 타고 인도에 들어가 중인도의 큰 절 '상가나대율사'에서 산스크리스트어를 배우며 수행하다가 인도 승려 '배달다'삼장과 유학을 떠난 지 5년 만에 귀국하여 부처님의 율장의 말씀을 번역하고 도제양성에 힘을 기우렸다.

백제의 불교경전 역경사업은 국가차원의 사업으로 진행

되었으며, 성왕은 번역을 마친 율부의 주석에 해당하는 36권이 만들어지자 불경에 직접 서문을 쓰고 궁중사고에 보관할 만치 애정을 가지고 역경사업을 지원했다. 그리고 서기 554년에는 일본에 처음으로 율사를 파견하여 승려들을 가르쳤고, 5년 뒤에는 일본 비구니 승려들이 백제에 파견되어 계법을 배우고 돌아갔다는 '일본서기'의 기록도 남아있다.

우리 고대사를 적은 '삼국사기' 백제 법왕 편을 보면, 불교의 율법이 정비되면서 법왕 1년 12월에 '살생금지령'이 내려지고 민가에서 사냥용으로 기르던 매를 모두 방생하게 했다는 기록이 있다. 이 같은 사실로 볼 때 이 무렵 범국민적 계율의 실천, 생활화가 이뤄진 것으로 볼 수 있다.

스님은 백제 율종의 시조로 부여에 대조사를 짓고 화공을 초빙하여 사찰의 탱화와 괘불을 그리게 했다. 이 같은 불사는 불교미술의 발전을 도모하여 조각과 단청, 주련, 현판 제작에까지 미쳤으며 다양한 법구도 생산하는 계기가 되었다.

(2) 혜초스님

스님은 신라33대 성덕왕 2년 서기 703년에 태어나 중국 광저우에서 인도에서 온 '금강지선사'를 만나 밀교를 배우고 그의 제자 불공스님을 은사로 출가하였다. 그리고 스승의 권유에 따라 20세 때인 722년 4월 바닷길로 인도에 가서 부처님의 발자취를 따라 순례여행을 시작하였다. 그리고

IX. 우리나라의 큰스님들

스승인 불공(佛空)스님과 지금의 아랍국인 이란과 카슈미르, 아프카니스탐, 중앙아시아 일대까지 답사하고 장안으로 돌아왔다.

733년 장안의 '천복사'에서 그에게 밀교학을 가르친 금강지선사와 인도에서 가져온 산스크리트로 엮어진 초기 경전 '대승유가금강성해만수실리천비천발대교왕경'을 연구하고 건원보리사에 들어가 이 경전을 다시 중국어로 한자 음사를 시작하여 한역본을 다시 강의록으로 만들기도 하였다.

스님이 지은 '왕오천축국전'은 그가 5년 동안 인도와 인도 주변 아랍국을 여행하며 불교유적지의 현황을 살피고 인도인들의 생활상을 구체적으로 적은 기행문이다. 전체 3권으로 엮은 이 책은 프랑스의 탐험가 폴 페리오가 둔황 막고굴에서 발견하여 소개한 것으로, 이본바투타의 '여행기'. 마르코 폴로의 '동방견문록'과 더불어 세계 4대 여행기록문으로 평가받고 있다.

이 무렵, 고국인 신라에서는 명랑법사가 전한 신인종(神印宗)의 교리가 널리 퍼져 있었고, 혜초가 공부하던 밀교는 크게 알려지지 않았던 것으로 보아 그가 고국으로 돌아오지 않은 것으로 학자들은 보고 있다.

중국 밀교학의 3대조로 금강지 선사-불공-혜초스님으로 알려져 있으며, 스님은 서기 787년 중국 오대산 건원보리사에서 열반하였다.

스님의 저서로는 '대승유가금강성해만수실리천비천발대교왕경' 한역서와 '왕오천축국전' 전3권. '하옥녀담기우표' 등이 전하고 있다.

5. 원효와 의상스님

(1) 원효스님

원효는 신라 진평왕 39년 서기 617년 경북 경산군 자인면 불지촌 밤나무골에서 태어났다. 어릴 때 이름은 밤나무라는 뜻의 '서당'이었고, 부모님이 일찍 돌아가시자 왕실에서 각간 벼슬을 가지고 있던 할아버지 '설담날'의 보살핌 속에 자랐다.

한때 화랑으로 무예를 익혔으며, 출가를 한 것은 그의 나이 29세가 되던 해 백제와의 전투에서 함께 어울리던 왕실 친구들이 죽자 친구들의 시신을 거두어 온 뒤에 인생의 무상함을 느끼고 고향마을 형인 대안대사를 은사로 출가한다.

대안대사는 새벽에 그를 찾아온 원효에게 계를 주고 '첫새벽을 뜻'하는 '원효(元曉)'라는 법명을 준다. 그리고 34살이 되던 해 의상스님과 당나라로 유학을 떠났으나 유학길에서 비를 피해 허물어진 굴속 무덤에서 하룻밤을 지내게 된다. 그런데 한밤중에 갈증을 느끼고 곁에 있던 해골 물을 마시고 득도하여 유학을 포기하고 돌아와서 민중포교에 전념하며 불교를 연구한다.

Ⅸ. 우리나라의 큰스님들

　기록에 의하면, 고구려의 고승인 보덕에게 '열반경'과 '유마경'을 사사하고 영취산 현목암에서 수행하던 '낭지'에게 '유식학'을 공부한 것으로 나타나있다. 그리고 어느 날 스승이신 대안대사의 무애 행에 깨달은 바가 있어 관념에 얽매이지 않은 자유로움을 배우고 요석공주와 부부의 인연을 맺고 이두문자의 창시자인 아들 설총을 낳는다. 그 뒤부터는 '스스로 파계한 승려'라며 '소성거사'로 칭하고 허름한 분소의(시신을 감쌌던 천)를 입고 살았다.

　그 시절, 신라의 거리에서는 오랜 전쟁에서 많은 사망자가 발생하자 거리 곳곳에서 울음소리로 그칠 날이 없었다. 백성들에게 삶의 희망과 종교적 귀의처가 없이는 사회적 통합이 어렵다는 사실을 조정도 잘 알고 있던 차에 원효는 불교의 내세관을 제시하는 아마타불을 외며 무애춤을 추며 거리에 나선다. 민중들의 슬픔을 위로하려고 무애 춤을 추며 '나무아미타불 관세음보살'을 외며 그를 따르는 거지들과 거리를 행진하였다.

　'모두가 구원받는 세상을 만들자.'며 거지들과 일손이 부족한 농부의 집에 가서는 모를 심거나 추수를 돕고, 장례를 치르는 집에 가서는 모두가 염불을 외며 상주가 되어 장례를 치러주었다. 원효가 2년 가까이 이렇게 무해 행을 계속하고 분황사에 들어가 경전을 읽을 무렵에는 모든 백성들이 '나무아미타불 관세음보살'을 스스럼없이 외울 정도로 불교에

불교공부 마음공부

귀의하는 사람들이 많았다.

원효는 생전에 100여종 240권에 이르는 방대한 저술을 했는데 그 저서에서 자신의 주장을 펴는 데 있어 화쟁(和諍)이라는 방법을 사용했다. 이것은 어느 종파나 파벌에 구애됨이 없이 모든 부처님의 가르침이 일불승(一佛乘)에 모아진다는 뜻이다.

그가 687년 3월30일 70세를 일기로 열반에 들자 분황사에서 다비하고, 아들 설총은 아버지의 유골을 모아 작은 상을 만들었는데 가끔 아들이 예배를 할 때 자세를 고쳐 앉았다는 설화도 전해지고 있다.

주요 저서로, 현존하는 불서는 19부 22권으로 '대승신기론소' 2권, '대승신기론별기' 1권, '2장의' 1권, '금강삼매경론' 3권, '법화경종요' 1권, '화엄경소' 3권 '십문화쟁론' 단편, '열반경종요' 1권, '무량수경종요' 1권, '대혜도경종요' 1권 등이 있다.

(2) 의상스님

의상은 원효와 함께 수행한 스님으로 진평왕 47년에 태어나 7세가 되던 해 경주 황복사에서 동진 출가하였다. 자신보다 8살 위인 원효를 만나 고구려 고승 보덕에게 '열반경'을 배우고, 650년 여름 원효와 함께 당나라 유학을 떠났다가 실패한 뒤

138

IX. 우리나라의 큰스님들

그 이듬해 혼자서 유학을 떠나 종남산 지장사에 들어가 중국 화엄종의 제2조인 지엄선사로부터 화엄경을 사사 받는다.

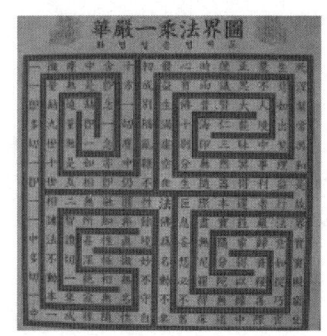

그 후 남산율종의 개조인 도선율사 문중에서 공부하다가 중국 화엄종을 교리적으로 완성한 법장스님과 화엄경을 공부하여 스승을 능가한다는 칭찬을 받고 귀국한다.

의상은 그가 화엄경을 공부한 지엄선사가 입적하기 전에 '화엄일승법계도'를 완성하여 스승의 인가를 받았으며, 당나라 고종의 신라 침공계획을 알고 귀국을 결심했다는 삼국유사의 기록도 전하고 있다.

의상은 귀국하여 낙산사에서 백화도량발원문을 지어 관세음보살 기도를 올리고 친견했으며, 화엄경의 근본도량인 부석사를 짓고 40일 동안 화엄경의 핵심인 '일승십지(一乘十地)론'에 대해 문답으로 제자들을 가르치고 전국 각처에 도량을 세우고 교단조직을 통한 체계적인 대중 교화활동에 힘썼다.

현존하는 전국의 고찰이 대부분 이 시대 의상의 손길로 지어진 도량이다.

의상 대사는 우리나라 화엄사상의 초조로 진정, 양언, 능인, 지통, 진장, 의적등 10대 제자가 있었다.

주요 저술로는 '화엄십문간법관(華嚴十門看法觀)' 1권, '입법계품초기(入法界品抄記)' 1권, '소아미타경의기(小阿彌陀經義記)'

1권, '화엄일승법계도' 1권, '백화도량 발원문' 1권 과 최근 발견된 「일승발원문(一乘發願文)」 등이 있다.

신라 제31대 신문왕 1년 6월에 77세의 나이로 입적하였다.

6. 대각국사 의천과 지눌스님

(1) 대각국사 의천

의천스님은 고려 문종 임금의 4째 아들로 속가의 이름은 후(煦). 11세 때 부왕인 문종이 여러 아들을 불러놓고 '누가 스님이 되어 복전의 이익을 얻겠느냐?'고 물었을 때 '제가 출가할 뜻이 있습니다.'하고 말하고 아버지 문종에게 흔쾌히 출가동의를 받았다.

스님은 개경의 영통사에 들어가 화엄종의 교지를 배우고 유교의 가르침까지 배워 익혔다. 그리고 송나라의 고승 정원법사와 교류하며 각종 경전을 구해 읽고 송나라 수도 변경에 유학하였다. 귀국 후에는 흥왕사에 머물면서 교장도감을 설치하고 새로 들여온 경전을 펴내고 천태교학을 강의하면서 천태종을 창시하였다.

그는 지위가 높고 낮음을 구분하지 않고 이해가 다른 종파의 주의주장을 사려 깊게 청취하고 의견을 개진하였으며, 왕자라는 높은 신분을 가지고 지도력까지 겸비해 승가의 지도자로 존경을 받았다. 그는 왕권을 강화하고 문벌세력을 누르며 벼슬아치들의

IX. 우리나라의 큰스님들

재산도피처로 전락한 사찰을 본연의 기도도량으로 만들기 위해 진력하였다. 그리고 형인 숙종이 즉위하자 경제단위의 활성화를 위해 화폐사용을 건의하였고 여진족의 세력 확장을 막기 위한 국민대통합의 결심을 회삼귀일(會三歸一)의 부처님 말씀으로 귀합하려고 하였다

그 무렵, 불교교단은 선종과 교종의 대립이 다시 표면화되고 있었는데, 스님은 그들에게 '토끼뿔은 실재하지 않는데 한 쪽에서는 길다고 우기고 다른 한 쪽에서는 짧다고 우기는 것과 무엇이 다르랴.'라고 하며 '마음이 바로 부처요 중생이다,'고 가르쳤다.

스님은 비구와 비구니 스님의 친목을 위해 만불회를 조직했으며, 각종 이권에 개입하여 중생구제를 외면하는 승려를 축출하고 문종이 그랬던 것처럼 벼슬아치들의 원당으로 알려진 사찰은 폐사시키기도 했다.

의천의 개혁사상은 훗날 보조국사 지눌에 의해 크게 떨치게 된다. 서기 1101년 그가 열반하기 이틀 전 조정에서는 '대각국사'를 시호를 내렸다.

스님의 주요 저서로는 '대각국사문집'23권, '대각국사외집' 13권, '신집원종문류 (新集圓宗文類)'22권, '석원사림 (釋苑詞林)'250권, '간정성유식론단과' 3권, '신편제종교장총록' 3권 그리고 불교사상 최초로 편찬·간행한 '속장경'이 있다.

(2) 보조국사 지눌스님

스님은 고려 제18대 의종 12년 황해도 서흥군에서 국학자 정광우의 아들로 태어났다. 어릴 때부터 병약하여 그의 부모는 '병만 나으면 부처님께 출가시키겠다.'고 다짐하고 8살이 되던 해 종휘선사에게 출가시켰다. 그 무렵, 불교계는 교종과 선종의 대립으로 다툼이 그칠 날이 없었고, 승려들의 타락상이 사회문제가 되고 있던 때였다. 이에 지눌은 선종과 교종의 가르침을 함께 배우고 그 공통점과 조화로움을 찾으려고 했다.

25세 되던 해 승과고시에 합격하고 명리를 떠나 산속에 운둔하여 정과 혜를 닦는 '정혜결사'를 결심하고 개성의 보제사 담선법회(談禪法會)에 참석하여 뜻을 같이 하는 스님들과 결의를 다진다. 그리고 팔공산 거조사에서 정혜결사문을 공표한다.

스님은 이후 부처님의 계율에 의하여 대중과 함께 안거하고 선정을 닦으면서 두타 행을 실천하였는데 제자들에게는 금강경 독송을 권하고 육조단경에 의지하여 불법을 설하였다. 그리고 이치를 밝힐 때는 '화엄론'과 '대혜어록'으로 소재를 삼았고, 수행체계로는 정혜쌍수 돈오점수, 화두참구의 세 가지 문을 세워 가르쳤다.

고려 희종 12년 2월 어머니를 위한 천도 재를 열고 그 해 3월 27일 법상에 올라 설법을 마치고 열반에 들었다. 이에 국왕은 시호를 '불일보조국사'라 칭하고 탑호를 '감로'라 하였다.

IX. 우리나라의 큰스님들

저서로는 '상당록(上堂錄)' 1권, '법어가송(法語歌頌)' 1권, '계초심학인문(誡初心學人文)' 1권, '선각명(禪覺銘)' 1권이 있으나 현존하지 않으며, '정혜결사문(定慧結社文)' 1권, '수심결(修心訣)' 1권, '원돈성불론' 1권, '염불요문(念佛要門)' 1권 '간화결의론(看話訣疑論)' 1권, '진심직설' 1권, '법집별행록절요병입사기(法集別行錄節要幷入私記)' 1권, '화엄론절요(華嚴論節要)' 3권 등이 있다.

7. 균여와 태고 보우스님

(1) 균여스님

스님은 고려태조 6년 서기 923년 황주 교외 둔대엽촌에서 어머니 점명 씨가 60세의 나이로 낳은 칠삭둥이 아들이었다. 아버지 '환성' 어른은 불심이 돈독하여 화엄경을 날마다 독송하였는데, 어린 아들이 이를 알아듣고 계율의 내용을 질문할 정도로 학습능력이 뛰어났다고 하였다. 그가 15세 되던 해 부친이 세상을 떠나자 사촌형인 선균과 영통사 의순 공을 찾아가서 구족계를 받고 수행을 시작하였다.

그 무렵, 나라에는 화엄교리를 놓고 두 개의 종파가 대립하여 다투는 것을 보고 균여는 이를 통합하여 성상융회(性相融會)로 특징하여 종파의 대립해소에 힘을 썼다.

또한, 스님은 우리 국문학사에서도 중요한 향가 시인이기도

143

하다.

보현보살의 10대원을 주제로 10구체 향가로 만든 '보현십원가'는 대표적인 사뇌가의 한 작품으로 스님은 제가문서에도 뛰어났던 것으로 알려지고 있다. 그는 대중 포교를 위해 향찰(鄕札)로도 불경을 저술하였는데, 지역별 방언을 모은 방언집도 집필하여 계층과 신분을 뛰어넘어 부처의 가르침을 펴기에 진력하였다.

스님의 행적은 1074년 문종 28년 4월 제자 창운이 균여에 대한 실록을 적은 책을 받아 혁련정에게 주어 정리하여 전기를 쓰게 하여 체계적으로 집대성한 것이 바로 현존하는 '균여전(均如傳)'이다.

스님의 주요 저서로는 '수현방궤기(搜玄方軌記)'. 10권, '공목장기(孔目章記)' 8권, '오십요문답기(五十要問答記)' 4권, '탐현기석(探玄記釋)' 28권, '교분기석(敎分記釋)' 7권, '지귀장기(旨歸章記)' 2권, '삼보장기(三寶章記)' 2권, '법계도기(法界圖記)' 2권, '십구장기(十句章記)' 1권, '입법계품초기(入法界品抄記)' 1권 등이 있다.

이 책 중에 '교분기석', '지귀장기', '삼보장기' '십구장기'는 해인사 고려대장경 보판(補板)에 각각 '석화엄교분기원통초(釋華嚴敎分記圓通鈔)' 10권, '석화엄지귀장원통초(釋華嚴旨歸章圓通鈔)' 상·하, '화엄경삼보장원통기(華嚴經三寶章圓通記)' 상·하, '십구장원통기(十句章圓通記)' 상·하 2권으로 되어 있다.

같은 보판 내에는 의상의 저술을 주석한 『법계도기』 2권이 포함되어 있다.

또, 최남선(崔南善)의 균여전 해제에 의하면, '법성게초(法性偈抄)' 3권이 현전한다고 기록되어 있다.

(2) 보우스님

대한불교조계종의 종조로서 불교계의 통합과 정치혁신을 이뤄낸 고려 말의 보우스님은 충남 홍성에서 충렬왕 27년 서기 1301년에 태어났다. 스님은 13세 때 출가하여 회암사에서 공지선사의 제자가 되었고, 26세 때 승시과장의 한 시험인 '화엄선(華嚴選)'에 합격하였다고 하였다..

만법귀일(萬法歸一)을 화두로 선(禪) 수행에 몰두하였고, 38살이 되던 해 고향인 양근리의 초막집에서 병든 부모를 봉양하며 선수행의 1700칙(則)을 최종 점검하였다.

그리고 충목왕2년 서기 1346년 원나라 연경(지금의 북경)에 유학하여 원나라 궁중에 들어가 반야경 강좌를 열여 많은 궁중사람들을 불교에 귀의시켰다고 한다. 스님이 52세가 되던 공민왕 1년에 궁중 설법과 봉은사에서 대중법회를 크게 연 뒤 왕사로 책봉되었다. 왕사가 되자 스님은 고려왕실의 누적된 부패와 정치인들의 일탈행위, 그리고 불교계의 타락상을 적어 간언하여 일대 청산을 국왕에게 거침없이 주청한다.

특히, 이 무렵 온갖 권모술수로 왕의 총애를 받던 승려

신돈을 경계하라는 주청도 서슴지 않아 한때 주석하는 사찰인 '법주사에서 다시는 나오지 말라.'는 왕의 노여움을 받기도 하였다. 훗날 결국 공민왕은 스님의 주청을 받아드리고 스님이 제시한 '바른 왕도정치는 거룩하고 인자한 마음이 모든 교화의 근본이자 다스림의 근원이니 빛을 돌이켜 마음을 비춰 보이라.'는데 감명을 받고 실천에 옮긴다.

스님의 제자로는 '혼수', '찬영', '조이'등이 있고, 저서에는 '태고화상어록' 2권과 '태고유음(太古遺音) 6책이 전한다. 바로 이 책에 이 시대상을 알 수 있는 가사 여러 편이 수록되어 있는데 '백운가', '태고암가', '산중지락가'는 고려가요 연구에 큰 자료가 되고 있다.

스님은 고려 우왕이 즉위하며 다시 왕사로 봉함을 받는데, 82세 되던 1382년 소설산에서 열반에 들었다. 시호는 원증, 탑호는 '보월승공'이라 하였고, 제자들이 탑사를 지어 영골을 모셨는데, 현재 사리는 다시 분배되어 '양산사', 양평의 '사나사', '청송사' 그리고 태고암에 나눠 봉안하고 있다.

8. 나옹화상과 무학스님

(1) 나옹화상

스님은 고려 충숙왕 7년 1월 15일 경북 영덕군 영해면 가래나무가 숲을 이루던 가랫골에서 아버지 아서구(牙瑞具)와

IX. 우리나라의 큰스님들

어머니 정씨 사이에 둘째로 출생하였다. 속가이름은 원혜(元惠) 호는 나옹. 법호는 보제존자로, 1376년 우왕 2년 5월 15일 여주 신륵사에서 열반에 들었다.

그는 20세가 되던 해 마을친구 달영의 죽음을 목격하고 생사의 무상함을 슬퍼하다가 경북 문경 공덕산 묘적암에 이르러 요연스님과 '사람이 죽으면 어디로 가는가'라는 화두를 가지고 문답을 하던중 홀연히 깨우치고 출가를 하였다. 그리고 회암사로 거쳐를 옮긴 뒤 무문관에 들어 면벽수행을 하다가 득도하고는 심오한 불교의 법장세계를 배우기 위해 원나라 연경(현재의 북경)으로 유학한다. 그리고 중국의 여러사찰을 돌아보다가 인도에서 온 지공선사를 만나 제자가 되어 법을 전수받고 한때 광제선사의 주지로도 근무를 했다. 고국으로 돌아와서는 구월산과 금강산, 오대산을 주유하며, 공민왕의 왕사로 법복과 발우를 하사받고 크고 작은 불사를 일으키며 도제양성에 힘을 썼다.

스님은 고려말 선정을 닦으면서 지혜도 얻어 성불의 가능성을 보여준 고승으로 백성들에게 불이사상의 바탕위에 선(禪)을 이해시키고자 노력해 온 분이다. 그는 기존의 구산선문이나 조계종과는 다른 임제의 선풍을 도입하였고, '귀의자심삼보'를 주장하면서 '염불은 곧 참선'이라고 가르쳤다.

스님은 계율에 있어 삼귀의가 아닌 사귀의를 주장했다. 그리고 가만히 앉아서 화두를 들고 참구하는 수행을 멀리하고 지역적·사상적 경계없이 만행을 하는 도중에 만나는 인연을 소중하게 여기고 가르쳤다. 그래서 염불을 참선이라고 하였다.

주요 저서로는 보물 제697호로 지정된 '나옹화상어록', '나옹화상가송'이 있고, 선사가 부모님을 천도하기 위해 조성한 것으로 알려진 보물 제822호 '이천 영월암의 마애여래입상'을 비롯하여 '보물 제228호 보제존자 석종', '보물 제231호 보제존자 석등'과 '나옹선사 부도 및 석등', '여주 신륵사 삼층석탑' 문경 대승사 묘적암에 봉안되어 있는 '나옹화상 영정' 등이 지방문화재로 보호관리되고 있다.

스님이 세수 57세로 열반하고 여주 남한강변에서 다비했는데 타고난 재속에서 사리 155과가 출현하여 그 해 8월 보름 회암사 부도탑에 봉안하였다. 스님의 법제자로는 조선 건국의 일익을 담당한 무학대사가 있다.

(2) 무학스님

스님은 1327년 경상북도 합천 황강유역에서 갈대로 갓을 만들어 파는 아버지 '인일'의 막내아들로 태어났다. 용모가 남달라 어린아기 때 부모가 강가에 아기를 버리려고 했는데 근처에 있던 학들이 몰려와 아기를 감싸안고 보호하는 것을 괴상히 여겨 부모가 다시 데려다 키웠다는 전설이 있다.

그가 출가한 것은 18세가 되던 해로 송광사에 들어가 소지선사를 스승으로 출가를 하고 용문산에 들어가 혜명국사

IX. 우리나라의 큰스님들

에게 법을 전수받았다. 그리고 원나라에 유학중에 나옹화상을 만나 수좌승이 되어 함께 지공선사의 가르침을 배웠으며 나옹화상이 열반한 뒤에 전국의 주요 사찰을 순례하며 법회를 열었다.

스님의 조선조 실록에 자주 거론되는 것은 조선을 건국한 태조 이성계와의 만남이다. 그는 선승으로 풍수지리에도 해박해서 태조가 부친의 묘자리를 놓고 갈등할 때 나옹화상과 우연히 길에서 만나 묘자리를 정해주고 꿈해몽을 통해 왕이 될 것을 예언한 뒤 후일 태조가 위화도 회군을 통해 정권을 장악하자 옛일을 인연으로 국사로 봉해져 크고작은 국가의 행사에 자문역으로 참여한다.

태조가 개경에서 한양으로 수도를 천도하려고 할 때도 개국공신 중의 한사람인 정도전의 반대를 물리치고 정전의 위치나 이름을 짓는 일에 앞장서 이뤄냈다. 이때 태조는 스님에게 '묘엄존자'라는 호를 하사했다.

스님에게 태조의 신임은 대단해서 주석하는 회암사 주변마을에서 역질이 돌자 왕사의 건강을 염려하여 광명사로 거처를 옮기게 하였고, 1397년에는 스님의 장수를 기원하는 탑을 회암사 북편 언덕에 세워주기도 하였다.

이 무렵, 기존의 유교문화권의 학자들과 잦은 종교적 갈등이 있었는데 스님은 황해도 평산 연봉사에 주석하며 '현정론(顯正論)'을 저술하여 불교에 대한 유생들의 견해를 반박하고, 불교의 5계를 유교의 5상(常)과 비교하며 '불살생은 인(仁), 불투도는 의(義), 불사음은 예(禮), 불음주는 지(智), 불망어는 신(信)이라고 설명하였다.

또한, 유교에서는 사람을 가르치는 방법이 상벌이지만, 불교는 인과법이라 하고 인과법은 가르치면 느끼고 깨우쳐 마음으로 복종하게 된다고 가르쳤다. 그래서 불교와 유교, 도교를 포함하여 3교일치(三敎一致)를 주장하기도 하였다.

무학대사의 주요 저서로는 '무학대사어록', '인공읍', '금강경오가해설의', '불교종파지도', '현정론' 등이며, 세수 78세 법랍 62세가 되던 해 금강산 금장암에서 열반에 들었다

무학 스님의 오도송
푸른 산 푸른 물이 나의 참모습이니
밝은 달 맑은 바람의 주인은 누구인가.
본래부터 한 물건도 없다 이르지 말라
온세계 티끌마다 부처님의 몸이 아니런가.

靑山綠水眞我面 (청산록수진아면)
明月淸風誰主人 (명월청풍수주인)
莫謂本來無一物 (막위본래무일물)
塵塵刹刹法王身 (진진찰찰법왕신)

IX. 우리나라의 큰스님들

9. 휴정 스님과 사명당

(1) 휴정 서산대사

휴정이라는 법명으로 우리가 서산대사로 알고 있는 스님은 1520년 3월 평안도 안주에서 출생하였다. 속가의 이름은 여신, 어릴 때의 이름은 운학(雲鶴)이었다. 9살이 되던 해 부모를 모두 잃고 아버지의 친구이셨던 안주목사를 따라 한양에 올라와 공부하다가 지리산에 들어가 숭인스님을 만나 '반야경', '원각경', '능엄경', '전등록'을 배우고, 일선(一禪)스님에게 계를 받고 운관대사로부터 구족계를 받아 스님이 되었다.

30세가 되던 해 조정에서 실시하는 승과고시에서 선과(禪科)에 합격하고 이어 30명을 선발하는 대선(大選)에서도 합격하였다. 그러나 승과고시 합격자가 누리는 관직은 청정한 마음으로 부처님의 법을 배우는 승려의 본분이 아니라는 갈등과 회의를 느끼고 승직을 사퇴하고 금강산에 들어가 수행처인 삼봉사를 짓는다.

이 무렵, 불교의 사회적 분위기는 왕조의 계속된 억불정책으로 모든 사찰이 경제적인 기반을 상실하고 유교학을 받드는 기풍과 함께 탄압은 더욱 가속화되고 있었다. 특히, 사찰도 도시에서 박해를 피해 깊은 산간으로 옮겨 암자를 짓고 겨우 명맥을 유지하고 있던 상황이었다.

그런 상황에서 1952년 임진왜란이 일어나자 휴정 서산대사는 선조의 부탁을 받고 전국 16개 종단 각사찰에 격문을 보내 승군의 궐기를 호소하여 순안 법흥사 의승군 1천5백 명과 전국 각 사찰에서 궐기한 5천여 명의 승군을 지휘하여 평양성을 탈환하였다.

이를 계기로 한국불교는 호국불교라는 말이 생겨났다. 그리고 선조가 피난길에서 한양으로 귀경할 때 임금님을 모신 어가를 호위하여 안전하게 궁궐로 모시고는 나이가 늙었다는 이유를 들어 제자인 사명당에게 모든 직책을 넘겨주고 묘향산으로 들어간다.

선조임금은 서산대사에게 '팔도 십육종 도총섭'이라는 승군 관할 지휘권을 주고 '보제등계존자'라는 존칭과 함께 정2품 당상관의 작위를 내렸으니 승려로서 국가가 임명한 조선개국 이래 최고의 지위였다.

휴정의 불교관은 종래 선종에서 소의경전으로 중요시하던 '능엄경'과 '반야경'을 비판하고 염불을 인정하였다. 이때의 염불은 사후 극락왕생을 위한 것이 아니라 자신의 마음에서 아미타불을 찾는 '자성미타(自性彌陀) 사상'을 강조하였다.

주요 저서로는 '운수단', '삼가귀감', '청허당집', '선교석' '심법요초', '설선의', '선교결' 등이 있으며 묘향산 안심사와 금강산 유점사에 탑이 있고, 밀양표충사와 묘향산 수충사, 해남 표충사등 3개 사찰에서 매년 열반일을 기해 추모제를 올리고 있다.

IX. 우리나라의 큰스님들

(2) 사명당

유정스님은 중종 39년. 서기 1544년 10월 경남 밀양에서 임수성의 둘째 아들로 태어났는데, 속가의 이름은 응규, 법호는 송운, 당호는 사명당이다.

어릴 때부터 시문과 역사를 조부로부터 배우고 13세 때 당시 열풍이던 유교학의 고전인 맹자와 대학을 부친의 친구였던 황여헌에게 배웠다. 그러나 이듬해 부모가 세상을 떠나자 김천 직지사로 출가해서 신묵스님에게 '전등록'을 배우며 수행하여 3년 만에 승과고시에 합격하고, 이때부터 '노자', '장자', '문자', 열자'를 비롯하여 이백과 두보의 시를 탐구하였다.

한때 직지사 주지와 선종의 근거지인 봉은사 주지로 추천되었지만 사양하고 묘향산 휴정문하에 들어가 수행하였다. 그 다음에 전국의 사찰을 두루 돌며 각 종단의 승려들과 교류하는데, 이것이 계기가 되어 1592년 임진왜란이 발발하고 서산대사가 전국의 의승군을 모을 때 나라를 지킨다는 의지아래 승려들의 대통합을 이뤄낸다.

유정은 서산대사가 늙어 전투 기동이 어렵자 스스로 돌격 대장이 되어 승군을 지휘하였으며, 명나라 장수들과 함께 평양성을 탈환하고 한양 삼각산 노원평 전투와 우관동 전투에서 대승을 거둬 조정으로부터 '선교양종판사' 직함을 제수받는다.

명나라 구원군이 증원되면서 전투가 장기화할 즈음 유정은 적장 '가토 기요마사'를 네 차례나 찾아가 회담하였고, 팔공산과 금오산, 용기산에 성을 쌓아 장기 전투에 대비하기도 하였다. 그리고 1597년 정유재란 때는 울산왜성을, 이듬해에는 순천왜성을 공략하여 대승을 거두는데 이 공로로 선조임금은 '가선동지중추부사'로 임명한다. 이때 묘향산의 서산대사는 승려들이 전쟁에 참여하는 것 자체가 승려의 본분이 아니라고 개탄하면서 유정에게 '이제 관복을 벗고 승려의 본분을 다하라.'는 밀지를 보낸다. 전쟁을 통해 죽거나 죽여야 하는 상황에 도취되다보면 불제자의 기본적 계율을 지키지도 못하고 명분도 잊은 채 살생을 즐기게 된다는 사유 때문이었다.

그래서 유정은 명나라 군사와 관군이 전투에 바로 이용할 수 있도록 각처에 비상식량과 생산된 무기를 저장하고 인계하려 했다. 그러나 조정에서는 '의승군은 관군과 함께 왜군을 이 땅에서 몰아내라.'는 첩지를 받고 조직을 재정비하여 단독 작전을 펴서 왜군에게 빼앗긴 30여개 마을을 수복하였다. 그리고 각 지역 사찰을 중심으로 왜군의 정탐조직을 운영하여 관군과의 연합작전을 펴는 등 승군의 역할은 지대하였다.

임진왜란이 종료된 후 사명당은 선조임금에게 왜군들이 탑을 허물고 가져간 통도사의 부처님 진신 사리를 비롯하여 포로 3천여 명의 귀환을 위해 사신으로 파견돼 1605년 왜군에게 강탈당했던 진신 사리를 되찾고, 포로로 잡혀갔던 백성들을 인솔하여 귀국한다.

지금 강원도 금강산 건봉사에 봉안되어 있는 진신사리

IX. 우리나라의 큰스님들

(眞身舍利)가 바로 그 당시 양산 통도사에 봉안 하였다가 왜군에게 탈취당했던 부처님의 치아 사리이다.

유정은 휴정 서산대사의 4대 제자였지만, 우리 역사에는 승병장으로, 또한 외교관으로서의 역할이 크게 부각된 스님이다. 그의 수많은 시문과 발문, 서장 등이 많았으나 전란 중에 모두 소실되고 현재 '사명대사집' 전 7권과 '분충서난록' 1권 등이 전한다.

스님은 해인사에서 1610년 8월 66세의 나이로 입적했으며, 해인사 홍제암에 탑비가 세워져 있고, 밀양 표충사와 묘향산 수충사에서 제향하며 시호는 '자통홍제존자'이다.

10. 일연스님과 진묵스님

(1) 삼국유사를 지은 일연스님

스님은 고려 희종 2년 경산에서 태어났는데 아버지는 향리 출신 언필(彦弼) 이다. 속가의 이름은 '견명', 호는 '무극'이라 했으며, 9세 때 무량사에 들어가 공부를 하다가 14세 때 설악산 진전사에서 '대웅장로'에게 구족계를 받았다. 그리고 고종 14년에 치러진 '선불장(選佛場)에서 합격한 뒤 경주인근 포산에 22년간 머물면서 1237년 삼중대사로 봉함을 받고 1251년 완성된 대장경 조판중 남해분사의 일에 참여하였다.

몽골의 고려 침공이 본격화되자 왕명을 받고 강화도 선원사

155

에서 보조국사 지눌의 법계를 받아 지니고 불심으로 국난을 극복할 수 있기를 서원하였다.

1268년에는 해운사에서 100명의 선종과 교종의 고승 100명을 초청하여 '대장경 낙성회향법회' 열어 승가의 통합을 이끌어서 충렬왕은 '원경충조'라는 호를 내렸으며, 고대 우리나라 신화와 설화, 향가를 집대성하여 인각사에서 '삼국유사'를 집필한 직후에는 국존으로 추대된다.

스님은 특정 신앙이나 종파에 휩쓸리지 않고 다양한 저술활동으로 선종과 교종을 막론하고 많은 불교사상서를 찬술했다. 스님의 저작(著書)중에 사전적 성격을 가진 저작이 많고 선종계통의 저술과 성리학 분위기와 연관된 내용도 많은 책속에 담겨있을 정도로 신앙의 깊이가 남달랐다. 그가 세상을 떠난 것은 1289년 7월 8일이다.

시호는 '보각(普覺)' 제자들이 다비하여 유골을 인각사 동편에 탑을 세워 봉안하니 탑호(塔號)를 '정조'라 하였다.

저서로는 '삼국유사' 5권, '어록(語錄)' 2권, '중편조동오위' 2권, '게송 잡저(偈頌雜著)' 3권, '조파도(祖派圖)' 2권, '조정사원(祖庭事苑)' 30권, '선문염송사원(禪門頌事苑)' 30권, '대장수지록(大藏須知錄)' 3권, '제승법수(諸乘法數)' 7권 등이 있다.

IX. 우리나라의 큰스님들

(2) 진묵스님

스님은 명종 17년 서기 1562년 전북 김제군 만경면 화포리 불거촌에서 태어났다. 아버지는 조의씨 속가의 이름은 일옥. 진묵은 그의 법호이다.

7세 때 전주 봉서사에 출가하여 한 번 불경을 읽으면 그대로 외우는 신통력을 보여 어릴 때부터 신동으로 알려졌다. 역대 우리나라 고승 중에 가장 많은 이행 기적을 보이고 신통한 묘술을 보여 그를 따르는 수행자들이 석가모니 부처님의 화신으로 알려진 분이다.

그가 출가할 때 봉서사의 회주는 석가모니 부처님이 1,200여 명의 아라한을 거느리고 봉서사로 들어오는 꿈을 꾸었고, 출가사미로 수행할 때에 나한전의 등불관리를 맡겼는데 나한들이 주지의 꿈에 나타나 '저희 나한들이 예배해야 할 부처님이 저희들에게 예배하시니 몸 둘 바를 모르겠다.'고 청원하여 사흘 만에 그 소임을 해제한 일도 있다는 기록이 남아있다. 그리고 냇가에서 소년들과 물고기를 잡아 천렵을 하다가 먹은 물고기를 다시 살려내는 이적을 보여 그를 따르던 제자들과 함께 매운탕을 즐기던 소년들이 놀랐다는 설화도 전해온다.

스님은 자신의 설법을 일체의 언어로 남지지 못하게 하였고, 그가 열반에든 지 200년 후에 초의선사가 편찬한 '진묵조사유적고(震黙大師遺蹟攷)'를 바탕으로 엮은 몇 권의

어록과 설화가 전할 뿐이다.

그는 유불선 삼교에 능통한 지혜를 가지고 학자들과 교류하였고, 무애 행을 실천하며 유불도의 회통사상을 통해 민중을 딪고 사는 이 현실에서 정토세상이 열려야 한다는 견지를 밝혔다.

스님이 남긴 게송이 아래와 같이 전하고 있다.

하늘을 이불 삼고 땅을 자리 삼고 산을 베개로 하며
(天衾地席山爲枕)
달은 촛불로 하고 구름은 병풍으로 바다를 술동이로 하여
(月燭雲屛海作樽)
크게 취해서 거연히 일어나 춤을 추니
(大醉遽然仍起舞)
도리어 긴 소매가 곤륜산에 걸릴까 하노라.
(却嫌長袖掛崑崙)

IX. 우리나라의 큰스님들

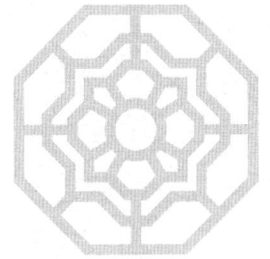

소백산 구인사 전경

불교공부 마음공부

X

절마당에서

X. 절마당에서

절마당에서 보는 풍경을 중심으로, 문과 전각 사물, 탑과 불상을 알아보는 것도 바람직한 일이다. 일반 사찰을 그 용어가 일반화 되어 있어 보통명사가 되어 있지만, 밀교종단이나 신생 종단에서는 그 부르는 명칭이 다르다.

1. 사찰의 문

(1) 일주문
일주문은 사찰의 입구에 양쪽 하나씩의 기둥으로 세워진 건물로 이 문을 경계로 해서 문 밖을 속계 세상이라 부르고, 문 안의 세상을 부처님의 세상인 진계로 부른다.

(2) 천왕문
부처님의 세계를 지키는 사천왕을 모신 문으로 일명 봉황문이라고도 부른다. 사찰의 입구에 세우는 문으로 일주문과 같은 성격이지만 규모가 큰 사찰에 세우고 있다.

이 청왕문 안에는 감실을 두고 동쪽에는 손에 비파 가진 지국천왕, 서쪽에는 여의주와 새끼줄을 든 광목천왕이 남쪽에는 보검을 든 증장천왕 북쪽에는 보탑을 가진 다문천왕이 아귀 형상을 밟거나 창으로 꿰뚫으려는 모습으로 서 있다.
이 사천왕이나 인왕이신 반나체 모습의 금강역사를 절의 어귀나 문 양쪽에 모신 곳도 있다.

(3) 해탈문

일주문과 같은 위치에 세워져 있는데 도심의 사찰에서는 대부분 '해탈문'이라는 이름을 걸고 있다.
모든 번뇌와 망상을 벗어나 깨달음을 얻는 문이라는 뜻이다.

(4) 불이문(不二門)

설치 위치는 일주문과 같이 절의 입구에 세우는데 중생과 부처, 선과 악, 유와 무, 공과 색 상대적 개념에 의한 모든 대상이 둘이 아니라는 불교진리의 불이 사상을 나타내는 문으로 선종사찰에서 많이 세운다.

2. 조계종 8대 총림이란

총림(叢林)의 뜻은 범어 vindhyavana의 번역으로, 빈타바나(貧陀婆那)라 음역하며 단림(壇林)이라고도 번역하고 있다. 그 뜻은 많은 승려와 속인들이 화합하여 함께 배우기 위해 모인 것을 나무가 우거진 수풀에 비유한 것이다.
지금은 승려들의 참선수행 전문도량인 선원(禪院)과 경전

교육기관인 강원(講院), 계율 전문교육기관인 율원(律院)을 모두 갖춘 사찰을 지칭하는 말이다. 우리나라의 8대총림으로는 ① 양산 통도사 영축총림, ② 합천 해인사 해인총림, ③ 승주 송광사 조계총림, ④ 예산 수덕사 덕숭총림, ⑤ 장성 백양사 고불총림, ⑥ 동화사 총림, ⑦ 범어사 총림, ⑧ 쌍계사 총림을 8대 총림이라고 한다.

양산의 통도사는 1972년 총림으로 승격되었으며, 총림의 수장은 방장(方丈)이라고 한다. 모든 승려들은 행자교육을 마치고 사미계를 받으면 이 총림의 강원이나 선원, 율원에 입방하여 4년간의 교육을 수료해야 비구계를 받을 수 있다

3. 우리나라 三寶寺刹 (삼보사찰)

① 佛寶(불보)사찰 - 경남 양산 영축산 통도사
② 法寶(법보)사찰 - 경남 합천가야산 해인사로 팔만대장경이 모셔진 사찰이다.
③ 僧寶(승보)사찰 - 전남 승주 조계산 송광사

4. 우리나라 5대 적멸보궁

부처님 진신사리을 모신 절을 지칭하는 말이다. 적멸은 모든 번뇌가 남김없이 소멸되어 고요해진 열반의 상태를 말하고,

X. 절마당에서

보궁은 보배같이 귀한 궁전이라는 뜻이다.

적멸보궁에는 석가모니불의 사리를 봉안했기 때문에 여타의 불상을 모시지 않는다. 우리나라 5대 적멸보궁은 ① 양산 영축산 통도사 ② 정선 태백산 정암사 ③ 영월 사자산 법흥사 ④ 평창 오대산 상원사 ⑤ 양양 설악산 봉정암 등이다.

최근 테베트의 달라이라마가 기증한 치아사리와 뇌사리등 12과가 모셔졌지만, 오랜 기간 보궁을 짓고 모셔온 5대 보궁은 위의 5대 사찰이다.

5. 사찰의 전각과 명칭

사찰에서 절의 중심이 되는 건물을 전각이라고 한다.

절의 중심이 되는 건물로는 대웅전, 대웅보전, 큰 법당, 금당, 대광보전, 대원보전, 대적광전 등이 이에 속한다. 절의 현판은 어느 부처님을 봉안하느냐에 따라 이름이 달라진다. 예외인 경우도 있는데 영주 부석사 같은 경우 아미타불을 본존불로 모신 무량수전이 본전으로 되어있다

(1) 대웅전 (大雄殿)

석가모니 부처님을 본존불로 하고 좌우 협시불로 문수보살과 보현보살을 모시는 경우도 있고 삼존불을 봉안하는 경우 석가모니 부처님과 함께 아미타불과 약사여래불을 모신다.

규모가 작은 사찰에서는 석가모니 부처님을 본존불로 아미타불과 약사여래불을 협시불로 모시는 경우가 많다. 전각의 명칭이 큰 법당이나 금당도 대웅전의 같은 이름으로 보면 된다. 대웅보전(大雄寶殿)은 대웅전보다 격을 높여 부르는 것으로 교구본사처럼 큰 사찰에서 그렇게 명명한 경우가 많다.

(2) 대광보전(大光寶殿)

법신인 비로자나불을 본존불로 모신 법당을 통칭하는 말이다.

(3) 대원보전(大願寶殿)

지장보살을 본존불로 모신 법당으로, 지장본원종이나 자장선원종처럼 지장경을 소의경전으로 하는 종단이나 도량에서 명명한 전각을 말한다.

(4) 대적광전(大寂光殿)

비로자나불을 본존불로 모시거나 때로는 아미타불과 석가모니불을 같이 봉안한 전각을 말하는데, 일부에서는 비로전(毘盧殿)으로 명명한 곳도 있다.

(5) 극락전(極樂殿)

미타전, 아미타전이라고도하며 격을 높여 '극락보전'이라고도 한다. 극락세계를 주재하는 아미타불을 본존불로 모신 전각으로 사찰의 규모에 따라 아미타전, 미타전, 혹은 격을 높여 '극락보전'으로 명명하고 있다.

(6) 약사전(藥師殿)

강원도나 서해안 지방의 사찰에서 이 약사여래를 본존불로 모시거나 입상을 세우고 신앙의 대상으로 예배하는 곳이 많다. 중생의 질병과 마음의 병을 치료해주는 약사불을 본존불로 모신 건물이다.

(7) 영산전(靈山殿)

통상 팔상전 (捌相殿)이라고도 부르는 전각이다

석가모니 부처님의 일대기를 여덟 가지로 구분하여 그린 팔상도를 봉안한 건물이다. 속리산 법주사의 팔상전이 대표적인 건물이다.

(8) 나한전(羅漢殿)

응진전(應眞殿)이라고도 하는데, 석가모니 부처님을 본존불로 봉안하고 제자인 나한을 봉안한 전각이다. 나한은 아라한의 줄임말로 수행자가 오를 수 있는 가장 높은 단계에 있는 자, 최고의 깨달음을 얻은 성자를 말한다.

그리고 나한의 종류도 16나한, 500나한, 1,200나한등 다양한데 규모가 큰 사찰에서 별도의 전각을 마련하여 나한전을 두고 있는 곳이 많다.

(9) 관음전(觀音殿)

관세음보살을 본존불로 모신 법당이다.

관음전을 절의 주법당이 되는 경우나 격을 높일 때에는 '원통전(圓通殿)' 또는 '원통보전'이라 한다. 관세음보살상은 대개 왼손에는 봉오리 상태의 연꽃을 오른손에는 감로수병을 들고 있다.

(10) 미륵전(彌勒殿)

석가모니 부처님이 구제하지 못한 중생들을 남김없이 구제한다는 미륵보살을 봉안하기도 하고 미륵불을 봉안한 전각을 미륵전이라고 부른다.

난세에 메시아로서 미륵에 의해 새로운 세상이 펼쳐지는 용화세계를 상징한다 하여 '용화전(龍華殿)'이라고도 한다.

(11) 명부전(冥府殿)

명부란 저승을 말하는 것으로 명부전이란, 저승의 세계를 절로 옮겨 놓은 것이다.

지장보살을 봉안하고 있기에 지장전(地藏殿)이라고 하고, 저승의 심판관인 십대왕을 봉안하고 있기에 시왕전

(十王殿)이라고도 한다. 염라대왕은 저승세계의 10대왕중 한 분이다.

(12) 조사당(祖師堂)

조사스님이나, 절의 창건주, 후대 존경 받을 만한 스님의 영정이나 위패를 모신 전각이다.

통도사나 해인사, 봉은사와 같이 옛절에서는 영정을 모신다는 뜻으로 영각(影閣), 송광사의 경우 역대 국사를 봉안하고 있어 국사전(國師殿)이라 명명하였다.

(13) 장경각(藏經閣)

불경을 인쇄하기 위한 목판을 보존하고 있는 전각을 말한다. 장경각은 '판전', '대장전', '법보전'이라고도 지칭한 곳이 적지 않다. 해인사의 장경각이 바로 여기에 속한다.

(14) 가람각(伽籃閣)

절을 지키는 수호신인 가람신을 모신 전각이다.

(15) 척추각과 세월각

순천 송광사에 있는 전각으로 다른 사찰에서는 보기 힘든 건물이다.

죽은 사람의 위패를 절에 들여오기 전에 남자의 혼은 '척추각'

에서 여자의 혼은 '세월각'에서 세속의 때를 씻는다고 하여 1차적으로 위패를 잠시 안치하는 건물이다

(16) 산신각(山神閣)
토속신앙중 성황당이나 산신당에 소원을 빌었던 것을 불교가 수용한 것이다. 대개 산신 탱화가 봉안되어 있는데 백발의 노인이 항상 호랑이와 함께 묘사되어 있어 구별이 쉽다.

(17) 칠성각(七星閣)
인간의 수명을 관장하는 북두칠성을 봉안한 전각으로, 도교의 신으로 토속신앙과 결합된 것을 불교가 수요한 것이다.
칠성신은 대개 일곱 명의 부처로 묘사해 놓고 있다. 일반적으로 점집이나 무속인의 집에 형상화되어 있는 후불탱화가 그것이다.

(18) 독성각(獨聖閣)
나반존자(일명 독성존자)가 봉안되어 있다.
나반존자는 부처님의 제자로 부처님 뜻에 따라 남인도의 천태산에서 홀로 수행하는 성자라는 뜻으로 독성했다는 성인이다. 독성 탱화에는 나반존자가 천태산 소나무, 구름 등을 배경으로 앉아있는 모습으로 묘사되어 있다.

(19) 삼성각(三聖閣)

산신각, 칠성각, 독성각을 하나로 합쳐 놓은 것으로 보면 된다.

산신각이나 칠성각은 대부분의 사찰 기존 전각의 위쪽에 건물이 존재하지만, 삼성각은 관음도량에서만 구현되고 있다.

6. 불교의 4대 성지

불교의 4대 성지는 현재 인도와 네팔 국경 부근에 위치한다.

① 부처님이 탄생한 카필라국 룸비니 동산 ② 부처님이 진리를 깨우쳐 아신 성도지인 마갈타국 붓다가야 ③ 최초의 설법지인 바라나시의 녹야원 ④ 부처님이 열반한 말라유족이 다스리던 쿠시나가라 열반지 등이다.

7. 불교의 5대 명절

불교의 5대 명절은 음력으로 기준하여 탄생하신 ① 석탄절(4월8일), ② 출가절(2월8일), ③ 성도절(12월8일), ④ 열반절(2월 15일), ⑤ 우란분절(7월15일) 이다.

소백산 용문사

불교공부 마음공부

XI
불교의 예절과 의례

XI. 불교의 예절과 의례

어느 종교와 마찬가지로 불교에도 불교만의 예절과 의례가 있다. 처음 불교를 소개받고 공부하려는 초발심 불자들도 기본적인 불교 세계의 대강을 알아야 가벼운 마음으로 불교예절을 배우게 된다.

불교 예절의 근본 정신은 '늘 부처님을 생각하고 부처의 가르침을 되새기며 실천'하는데 있다. 처음 불교를 자기 신앙으로 갖고자 하는 사람은 먼저 삼보에 귀의해야 한다. 삼보란 불교의 교주이신 부처님과 그 가르침을 믿고 따르는 스님, 그리고 부처님의 법을 말하는 것으로 우리나라에서는 신라의 고승 원효스님이 처음 가르쳤다. 이를 '삼보귀명'이라 하고 모든 절 생활의 기본은 삼보귀의에서 시작한다.

삼보에 귀의한 불자는 평상시 모든 생활에 겸허한 생활을 해야 한다.

부처님을 예배하고, 그 진리를 배우는 절(도량)에서는 더욱 정숙하고 경건한 자세를 가져야 한다. 개인의 일상생활을 구분해서 마음가짐을 설명한다면, 식사를 할 때는 자기가 먹을 공양물이 내게 한 그릇의 양식으로 오기까지 수고한 많은 인연에 감사하며 합장한 후 감사한 마음으로 먹고, 맛에 탐닉하거나 욕심을 갖지 말아야한다. 그리고 잠자리에 들 때에는 하루 일과를 걱정하거나 원망하고 미워하는 마음을

XI. 불교의 예절과 의례

가슴에 간직 한 채 잠들지 말아야 하고, 아침에 일어나서는 하루를 참되게 살아가도록 명상과 기도의 시간을 갖는 여유를 갖어야 한다.

1. 도량(절)에서의 행동

우리가 절에 들어가거나 나올 때 불자라면 삼보의 은혜에 감사하는 의미로 일주문 앞에서 합장하고 허리를 반쯤 굽혀 반 배해야 한다. 그리고 절의 경내에서 걸을 때는 공손히 손을 맞잡고 법당앞 어간문(법당의 가운데 자리-부처님의 위치한 자리)를 지날 때는 합장 반 배하고, 큰소리로 잡담을 하거나 장난을 치는 행위도 삼가해야 한다.

또한, 경내에서 스님이나 어른들을 만날 때는 합장 반배 하면서 '성불하십시오.' 법우들에게는 '반갑습니다' '함께 정진합시다!'와 같은 말로 인사를 한다. 그리고 일요법회나 교양강좌가 열리는 대웅전 같은 실내공간에 들어가서는 신기해서 법회 의식에 활용되는 목탁이나 북, 명종, 종을 만지거나 치는 일은 삼가야 한다.

(1) 법당을 출입할 때

법당이나 관음전, 명부전, 약사전, 산신각, 스님이 공부하시는 수행처를 들어가고 나갈 때는 일반 가정에서처럼

175

경망스럽게 행동해서는 안 된다.

먼저 부처님을 모신 대웅전에 들어갈 때는 부처님이 계신 정면에 문(어간문)으로는 출입해서는 안된다. 일반신도들은 반드시 양옆의 출입문을 이용한다. 이 어간문은 사찰의 회주스님이나 주지스님 등 큰스님만 사용할 수 있다.

그리고 문을 여닫을 때는 두 손으로 받들어 문을 열고 닫고, 신발은 신발코가 밖으로 향하게 가지런히 놓거나 신발장이 마련된 곳에서는 가지런히 정돈하여 놓고 들어간다.

그리고 법당에 들어가서는 합장한 자세로 서서 허리를 45도 각도로 구부려 절하는 반 배의 예를 표하고, 한 걸음 뒤로 물러서서 다시 반 배한 후 뒷걸음으로 제자리에 돌아온다. 이때 주의할 것은 법당안에서도 부처님이 보이는 정면(어간자리)은 법회를 주관하시는 큰 스님의 자리이니 앉거나 그 자리에 놓인 방석위에서 절을 하는 것은 삼가야 한다. 또한, 다른 불자님들이 미리 입장하여 기도를 하거나 참선, 스님이나 법사님이 독경을 할 때는 그 앞으로 걸어다니지 말아야한다.

초나 향은 먼저 꽂힌 것이 있으면 다시 불을 피워 꽂지말고, 자신이 가져온 초나 향은 불단 옆에 놓아두어 후에 오는 사람이 예배할 때 사용하도록 하는 것이 바른 방법이다.

(2) 부처님께 올리는 절 오체투지

부처님에게 올리는 절은 어느 곳에나 오체투지(五體投地)의

XI. 불교의 예절과 의례

큰 절이 기본이다.

이 절은 인도에서 전래된 인사법이다.

절을 올리는 자의 몸의 다섯 부문을 바닥마루이나 땅바닥에 닿도록 납작하게 엎드려 절하는 것으로 최상의 존경과 경배의 의미를 뜻한다. 인도의 예법은 접족례(接足禮)라 하여 온 몸을 땅에 던져 절을 하면서 공경하는 이의 발을 두 손으로 떠받들었다고 하여 절을 한 후 두 손을 하늘을 향해 드는 동작을 취하기도 한다.

우리나라에서 행하는 오체투지의 큰 절은 우리 전래 예법인 큰 절의 원형을 그대로 따라 반드시 몸의 다섯부문. 즉, 두 팔꿈치와 두 무릎과 이마가 바닥에 닿도록 절을 하도록 가르치고 있다. 이 오체투지의 예는 자신을 낮추면서 상대방에게 최대의 존경을 표하는 동작으로 불교에서는 가장 경건한 인사법이다.

이 인사법, 오체투지는 자신의 마음속에 교만과 거만을 떨쳐버리는 행동 예법이기도 하다.

(3) 합장

합장은 두 손바닥을 하나로 마주 모으는 자세이다.

합장하는 손 모양을 설명하면, 두 손바닥 사에에 틈이 없다는 느낌이 들 정도로 서로 마주대고 마주 닿은 두 손의 다섯 개 손가락이 연꽃 잎처럼 모아지고 엄지손가락과 새끼손가락이 따로 떨어지지 않도록 해야 한다.

합장은 합장을 통해서 나의 마음을 모으고 나와 모든 대중들이 하나의 진리위에 합해진 동일 생명이라는 표현이기도 하다.

합장하는 방법을 설명하면, 먼저 팔꿈치의 위치가 변하지 않게 고정시킨 상태로 마주잡은 손을 위로 올려 두 팔목이 명치의 끝에 위치하도록 하여 두 손바닥을 합치는 자세이다.

(4) 차수 (叉手)와 반배 (反背)

차수(叉手)는 손을 교차한다는 뜻으로 평상시 도량에서 하는 자세이다.

방법은 손에 힘을 주지 말고 자연스럽게 교차하여 왼손을 오른손으로 가볍게 잡고 단전 부분에 가볍게 대는 자세이다. 손의 위치나 대는 방법으로 왼손으로 오른손을 잡아도 무관하며 편안 하게 하면 된다.

그리고 반배는 흔히 합장절이라고 해서 합장한 채 허리를 45도 정도 숙인 상태로 야외에서 이루어지는 대중 법회 때 주로 사용하거나 사찰내에서 스님이나 법사님, 일반 대중과 상호 인사를 할 때도 사용하는 예법이다.

(5) 고두배(叩頭拜)

고두배는 고두례(叩頭禮)와 같은 말로 '머리를 조아린다.'는

XI. 불교의 예절과 의례

뜻을 가지고 있다. 1배, 3배, 108배, 1080배, 3000배의 마지막 절을 마칠 때 행사한다. 오체투지 인사법과 비슷하다.

이 인사법은 자신의 간절한 소망과 발원하는 마음을 빈다고 해서 유원반배(唯願半拜)라고도 지칭한다. 부처님께 자신의 간절한 바램을 전하는 통전피드백의 의미를 가진다는 말이다.

그 방법을 간략하게 설명하면, 고두를 하기 위해서는 일어설 때와 마찬가지로 먼저 손바닥이 바닥을 향하도록 한 다음 엎드린 자세로 팔굽을 들지 않고 머리와 어깨만을 들었다가 다시 이마를 땅에 대는데 머리를 들었을 때에 시선은 전방을 응시하는 게 아니라 그대로 바닥에 두어야 한다는 점이다. 그리고 고두의 방법은 머리와 어깨만을 잠깐 들었다 다시 이마를 땅에 대는 단순한 동작으로 하거나 머리와 어깨를 약간 들고 팔굽을 땅에서 떼지 않은 채 그대로 합장한 자세를 취하였다가 손을 풀고 다시 두 손과 이마를 땅에 대는 방법도 있다.

(6) 촛불을 켤 때는

법당에서는 거리에서처럼 두 팔을 흔들며 걷거나 달려가는 행동은 있을 수 없는 일이다. 촛불을 켤 때에도 합장을 한 채로 부처님 앞까지 가서 먼저 촛불을 켜고 향을 한 개 들어서 촛불에 붙인다. 그리고 불이 붙은 향을 오른손으로 쥐고 왼손으로 오른손을 받쳐 이마 위까지 약간 올렸다가 가슴높이로 내린 뒤

공손하게 향을 향로의 가운데에 꽂는다.

향을 꽂은 다음 합장한 채로 한 걸음 뒤로 물러서거나 곁에 촛불을 켜는 다른 불자들이 있으면 옆으로 물러서서 반 배를 한 다음 몇 발자국 뒤로 물러서서 뒤로 돌아 제자리에 돌아오면 된다.

한가지 촛불을 켤 때 주의 사항은 부처님 앞까지 가서는 반 배하고 초를 먼저 촛대에 꽂고 초가 있거나 이미 촛불이 켜져 있을 때는 그 켜진 촛불을 끄고 자신이 가져온 초에 불을 붙여서 꽂는 일은 바람직한 예법이 아니니 주의해야 한다.

그리고 법당을 나올 때는 기도나 참선하는 이가 없을 경우는 맨 마지막에 나오는 사람이 촛불을 끄고 나온다. 그러나 영가(죽은 이의 혼을 기리는 영가단)을 밝히는 인등불은 사찰에서 별도 관리하므로 켜진 그대로 놔두어야한다.

(7) 도량석과 의식

절에서 새벽예불전에 도량을 청정하게 하기 위해서 행하는 의식을 말한다.

소임을 맡은 스님이 아침 일찍 도량을 돌면서 신묘장구 대다라니, 사방찬. 도량찬, 참회게를 목탁을 치면서 도량의 구석구석을 도는 행위를 일컫는다. 그래서 이 도량석은 염불소리와 목탁소리로써 절의 대중들과 삼라만상을 깨우는 일이며, 도량을 맑게 하고 잡귀를 몰아내며 삼보를 지키는 신들을 일깨워 맞이한다는 의미도 포함하고 있다.

도량석은 새벽 3시에 여는데 대부분의 사찰에서는 '나무 아미타불 관세음보살'을 염하면서 돌기도 하고, 금강경이나 역대 조사들의 게송을 염송하기도 하는데 특별히 정해진 염불법이나 특정한 경전 다라니는 없다.

큰사찰에서는 일주문의 중앙에서 두 팀으로 나눠 절의 위아래를 거꾸로 돌아와 만나 헤어지는 형태로 큰 건물을 중심으로 돌아오며 목탁을 친다.

(8) 발우와 발우공양

발우는 절에서 생활하는 스님들이 사용하는 밥그릇을 말한다.

발우는 예로부터 나무를 깎아 만들었는데 밥그릇과 국그릇, 반찬그릇으로 구분하였다. 박달나무를 깎아서 만든 밥그릇과 수저와 젓가락이 한 벌로 되어 있다. 절에서는 스승이 이 발우와 가사를 물려줌으로 법제자로 인정할만큼 큰 의미를 가지고 있다. 불교에서는 밥을 받아 먹는 그릇 즉, 발우에 음식을 받아서 먹을 때도 격식과 예를 다했다.

그래서 부처님 재세시부터 이어져온 오랜 전통 법인 발우공양은 수행과 삶이 둘이 아니라는 점을 강조하는 것이다. '나에게 이 공양물이 인연지어 오기까지 수많은 인연의 손길에 감사하고, 이 공양을 통해 바른 진리와 바른 수행을 다짐하는 수행자의 본분을 다시 한 번 다짐'하는 것이다.

발우공양의 개요를 설명하면, 스스로 먹을 만큼의 양을 덜어서 먹고, 숭늉과 김치조각을 남겼다가 음식을 모두 먹은 뒤 그 김치조각으로 발우를 닦아서 먹는다. 그리고 맑은 물을 받아서 음식이 담겼던 발우를 헹구어 마시고 수건으로 닦아 발우를 갈무리하는 순서를 거친다. 발우공양은 마음의 눈으로 세상을 바로 보는 방법을 가르치고 있다. 바로 적당히 음식을 취하고 남은 음식을 버리지 않는 절제가 그것이다.

(9) 공양물을 올리는 예법

공양물을 불단에 올릴 때는 불단 앞까지는 공양물이나 공양 그릇(供養器)을 오른쪽 어깨 위로 받쳐들고 간다. 이것은 부처님께 올릴 공양물에 공양자의 콧김이 들어가지 않도록 하기 위해서인데, 불단 앞 가까이 가서는 두 손으로 공양물이나 공양 그릇의 아래쪽을 들고 머리 위로 받들어서 불단 앞으로 다가간다. 그리고 불단에 다가가서는 부처님을 향해 머리 위로 높이 받든 다음 내려서 적당한 자리에 놓는다.

음식물이 아닌 과일류는 상자 채로 놓거나 쌀처럼 무거운 계량의 공양물은 불단 밑에 옆으로 눕혀서 가지런히 놓기도 한다.

XI. 불교의 예절과 의례

(10) 촛불을 켜고 끄는 일

촛불을 켜기 위해 성냥불을 켤 때는 부처님을 향하여 불꽃이 가지 않도록 비껴 서서 켜며, 끌 때에는 입으로 불지 않고 힘을 조금 주어 원(圓)을 그리면서 끈다. 대개의 절에서는 촛불을 소등할 수 있는 철제접시를 사용하고 있다.

성냥개비는 불단 한 쪽에 준비되어 있는 그릇에 담고, 성냥은 본래의 자리에 둔다. 타버린 성냥개비를 촛대나 향로에 버리는 불자가 있는데 주의해야 할 일이다. 개스를 사용하는 라이터나 점화기구는 정해진 장소에 놓아두어 어린아이들이 가끔 장난을 치거나 방치하여 화재의 원인이 되지 않도록 각별히 관심을 가져야 한다.

(11) 향

향은 오른손가락으로 향의 중간 부분을 쥐고 왼손으로 오른손을 받치면서, 촛불로 불을 붙인 다음에 조금 힘을 주어 원(圓)을 그리면서 몇 번 돌려서 불을 끈다. 그리고 향의 중간을 두 손의 손가락으로 감싸쥐고 머리 위로 받들어 올렸다가 내린 다음, 다시 오른손가락으로 향의 중간을 쥐고 왼손으로 오른손을 받치면서 향이 타다가 재가 향로 바깥에 떨어지지 않도록 향로의 가운데에 꽂는다.

이때 주의해야 할 것은 향로 주위에 향의 재가 떨어지지 않도록 약간 기울게 하여 꽂아야 할 것이다.

(12) 그 외의 공양물

차(茶)는 불자들이 개인적으로 공양으로 불단에 올리지는 않는다.

새벽 예불(禮佛)과 사시(巳時) 예불 때 절에서 올리며 제사를 지낼 때가 아니면 올리지 않도록 한다. 그리고 꽃과 과일은 묶음으로 불단에 올리지 말고 꽃은 꽃병에 담아서, 과일은 씻어서 공양을 올리는 그릇인 공양기(供養器)에 담아서 촛대가 놓여 있는 단(壇)이나 한 단(壇) 위에 공양 올리면 된다.

만약 사찰에 꽃병이나 공양기가 준비되지 않았을 경우에는 불전을 관리하는 소임자나 원주실, 공양간(供養間)에 문의하면 적절한 공양구를 제공받을 수 있다. 쌀이나 곡식은 봉지 채 또는 자루 채로 올려도 되지만, 가능하면 공양기에 담아서 적당한 양을 올리는 것이 바람직한 예법이다.

또한, 돈을 공양 올릴 때는 미리 봉투에 넣어서 준비하고 돈은 불단 위에 올려놓지 말고 복전함(福田函)에 넣는 것이 좋다.

XI. 불교의 예절과 의례

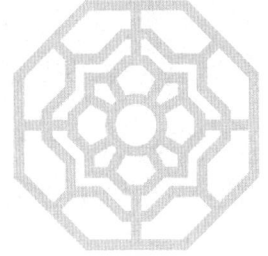

월정사 전경

불교공부 마음공부

XII
불교의 각종 의식과 의미

XII. 불교의 각종 의식과 의미

1. 각종의식의 종류

불교에서는 다른 종교와 마찬가지로 교리 실천과 관련된 각종 의식이 봉행된다. 여타 종교가 현세와 미래만을 생각하여 의식을 갖는다면, 불교는 과거생과 현생, 미래생을 아루르는 연기설을 바탕으로 한 이승에 안주하는 중생들이 할 수 있는 각종 의식을 성만할 것을 주문하고 있다.

아같은 의식의 가장 기본적인 단위가 재(齋)이며 재에는 천도재와 수륙재, 생전예수재, 영산재, 다례재 등이 있고, 삼보에 귀의하고 자기의 덕행을 닦는 의미의 행사로는 팔관대재, 연등회, 수계법회 등이 있다.

재(齋)의 원래의 의미는 고대 인도의 철학서인 우파니샤드(Upanisad)에서 유래하는 것으로 재가자가 언행을 조심하고 재계를 잘 지키고 신심을 청정히 하여 지극한 마음으로 부처님과 스님께 공양을 올리는 것을 말한다. 이것이 후일 크게 법회의식으로 확대되어 호국법회에서부터 수륙재(水陸齋), 영산재(靈山齋) 등과 같은 죽은 사람이나 산 사람을 위해 베풀어지는 일체의 모든 법회를 총칭하는 말을 의미하는 것이다.

XII. 불교의 각종 의식과 의미

(1) 천도재(薦度齋)

죽은 자의 영혼이 다시 태어날 세상에 안전하게 안착하기를 바라는 마음에서 기원하는 제사의식이 천도재이다. 천도란 망자(亡者)의 영혼을 구제하여 좋은 곳으로 보낸다는 의미이다.

생사해탈의 방편으로 사후세계(死後世界)의 내세관이 뚜렷하게 설정돼있는 불교에서는 생사윤회를 벗어나는 이상향으로 극락정토가 그려져 있다. 천도재는 이처럼 의미가 넓은 불교의식으로서 사십구재, 수륙재, 영산재 등이 모두 이에 속하는 것이다.

천도재의 대상이 되는 영가(靈駕)는 망자의 영혼은 없어지지 않고 그대로 남아 자신이 지은 업(業)에 따라 이 몸에서 저 몸으로 몸만 바꾸어 환생하면서 끝없이 윤회하는데 이 영혼을 하나의 개체라고 인정하여 불가(佛家)에서 부르는 것이다.

그래서 흔히 '영가천도(靈駕薦度)'라고 하는 것이다. 천도재는 진언(眞言)으로 영가를 불러 이승의 미련이나 집착을 끊어 버리라는 내용인 법문(法門)을 들려주고 살아남은 자들의 정성과 선신(善神)의 위신력과 부처님의 가피력으로 왕생극락(往生極樂)토록 안내하고 기원하는 의식이다.

의식 봉행 순서는 상주권공재(常住勸供齋)와 각배재(各拜齋)·영산재(靈山齋) 등으로 나뉘는데, 이 중 사십구재로 통용되는 상주권공재가 가장 기본적인 의식이며, 여기에 명부신앙(冥府信仰)에 대한 의례를 더한 것이 각배재이고 영산재는 영산회상의 법회를 상징화하여 행하는 재이다.

(2) 수륙재 (水陸齋)

신앙의 주체인 모든 종교에서는 죽은 이후의 세계를 다루고 있다.

서양의 종교에서는 사후세계를 천국과 지옥의 세계관으로 이야기하는 것과 마찬가지로 불교에서도 역시 죽은 자의 영혼이 가야할 곳에 대해 주목한다. 즉, 죽은 자의 영혼이 평온한 다음 세계로 안전하게 정착하길 바라는 마음에서 기원하는 것이 천도재(薦度齋)라면, 수륙재(水陸齋)는 용어의 사전적 의미처럼 '물(水)'과 '육지(陸)'의 모든 불특정한 대상을 위시해 행해지는 것이 수륙재이다.

특히, 인간 뿐만이 아니라 강, 호수, 바다 등의 물과 육지에 머무르는 모든 살아있는 생명체를 대상으로 하는 광범위한 의식이다.

옛날에는 전쟁이 끝나거나 가뭄, 전염병 등으로 인한 어려운 시기에 수륙재(水陸齋)가 국가차원에서 시연되었는데, 이는 영가의 풀지 못한 한이 깊음으로 인해서 인간사에 부조화가 왔다는 인식에서 기인한 것이다. 그들에게 수륙재를 지내주면서 다음 생에 부디 극락의 세계에서 탄생하라고 기원해주어 원한을 거두라는 의미도 포함되어 있었다.

역사적인 고찰로는 수륙재는 중국 양(梁)나라 무제(武帝)

XII. 불교의 각종 의식과 의미

때부터 비롯되었고, 한국에서는 971년(광종 22)에 수원 갈양사(葛陽寺)에서 혜거국사(惠居國師)가 처음으로 시행하였다는 기록이 전해진다.

수륙재와 관련된 의식의 내용과 방법을 적어놓은 의궤집(儀軌集)은 고려 선종 때 태사국사 최사겸(崔士兼)이 수륙재의 의식절차를 적어놓은 '수륙의문(水陸義文)'을 송나라에서 구해온 것을 계기로, 보제사(寶齋寺)에 수륙당(水陸堂)을 새로 세움으로써 수륙재를 성대히 격식에 맞게 하였다는 기록이 '고려사(高麗史)'에 전하고 있다.

그리고 세조대왕대에 1464년에 중국으로부터 의례 집을 구해온 것을 계기로 인출하여 각 지방관아에 수십 건을 배포하였다는 기록을 통해 15세기 후반부터는 본격적으로 내용과 방법에 엄연한 절차에 따라 국가차원에서 수륙재가 사설되었을 것으로 추정하고 있다.

(3) 생전예수재

1) 예수재의 의미

생전예수재(生前預修齋)는 '예수 시왕생칠재(豫修十王生七齋)'를 줄인 말이다.

천도재가 죽은 이를 위해 49재를 지내는 것이라면, 예수재는 산 사람을 위한 재로 자신의 49재를 살아있을 때 미리 지내는 것이라고 생각하면 된다. 즉, 사람이 살아있을 때 자기가 죽은 후를 생각해 명부(冥府)의 십대왕과 권속들에게 미리 칠재를 올리고 자신의 명복을 스스로 닦는 것이다. 여기서 '예수(豫修)는 '미리 닦는다'는 뜻이다.

사전적(辭典的) 의미를 부여하면, 예수(豫修)란 죽은 뒤 정토(淨土)에 왕생(往生)하여 빨리 깨달음을 얻을 수 있도록 살아 있을 때부터 미리 선근 공덕을 닦는 것으로 살아 있는 동안에 자신을 위하여 해야 할 불사를 미리 행하는 행사이기도 하다.

그래서 살아 있을 때 각종 불사 즉 불상조성, 범종, 탱화, 석탑, 석등불사에 법명을 붙이거나 위패나 석탑에 주서(朱書)하여 주는 것도 예수의 의미가 있다 할 것이다. 우리나라에서는 고려시대 이후 성행해 오늘까지 극락왕생을 기원하는 대표적인 의례로 자리매김 해 왔다.

'관정수원왕생시방정토경(灌頂隨願往生十方淨土經)'에 보면 사부대중들이 이 몸이 무상한 줄 알고 부지런히 닦아 보리도를 행하려거든, '죽기 전에 미리 삼칠일(三七日)을 닦으되 등을 켜고, 번을 달고 스님들을 청하여 경전을 읽고 복업(福業)을 지으면 한량없는 복을 얻으며 소원대로 과보를 얻는다.'고 적고 있다.

또한, 지장보살본원경 '이익존망품(利益存亡品)'에는 '만약 어떤 남녀가 살아 있을 때 많은 죄를 짓더라도 죽은 뒤 그의 후손들이 그를 위해 복덕을 닦아주면, 그 공덕의 1/7은

XII. 불교의 각종 의식과 의미

망인(亡人)에게 돌아가고 나머지 공덕은 산사람이 차지한다. 그러므로 사람들은 살아있을 때에 스스로 공덕을 쌓아야 한다.'고 하였다.

또한, 석문의범 '방생편(放生篇)'에는 '적선도인(積善道人)의 일곱 가지 방생'을 소개하는 가운데 '예수재를 행하려거든 방생부터 먼저하라. 세간의 자선(慈善)에는 방생보다 더 좋은 것이 없으니, 내가 자비한 마음으로 방생(放生)하여 불보살의 자비에 감응하면 반드시 부처님과 보살님의 복을 입을 것이다.'라고 하여 예수재를 행하는 마음가짐을 강조하고 있다.

2) 예수재(生前預修齋)의 공덕

'불설예수시왕생칠경(佛說預修十王生七經)'에는 살아있을 때 예수칠재를 지내는 사람의 공덕에 대한 내용을 찾을 수 있다.

매달 초하루와 보름 두 차례에 걸쳐 불·법·승 삼보에 공양을 올리고 시왕들 즉 제1 진광대왕, 제2 초강대왕, 제3 송재대왕, 제4 오관대왕, 제5 염라대왕, 제6 변성대왕, 제7 태산대왕, 제8 평등대왕, 제9 도시대왕, 제10 오도전륜대왕단과 지장보살, 도명존자, 무독귀왕과 시왕(十王)에게 기도하는 사람은 저승에서 그 신분을 기억해둔다고 하였다.

그 내용을 살펴보면, 저승의 선업동자(善業童子)가 재를 지낸 사람의 이름을 명부에 기록해 두며, 생전에 예수재를 지낸 사람은 기록이 남아있는 덕분에, 죽은 뒤 49일 동안

중음신(中陰神)의 몸을 받지 않고 곧바로 좋은 곳에 태어날 수 있다는 것이다.

예수재는 불자 스스로가 기도하고, 공덕을 쌓아 사후를 대비한다는데 의미가 크다. 경전에 보면 예수재를 지내면 그 공덕이 다음과 같다고 하였다.

부처님께서 열반에 드시기전에 생전예수재의 열가지 공덕을 말씀하셨다.

생전예수재(生前預修齋)의 10가지 공덕
첫　째: 가난과 어려움을 면하게 된다.
둘　째: 전생과 내세의 죄업이 소멸하고,
셋　째: 선망부모가 모두 왕생극락합니다.
넷　째: 재산이 풍부해지고 권속이 많아집니다.
다섯째: 무병장수를 누리고
여섯째: 죽음과 두려움이 없어지며
일곱째: 원하는바 소원이 모두 성취되고
여덟째: 지혜(知)와 명예가 사방에 떨치고
아홉째: 깨달음을 얻게되어 수시로 명부사자와 염라대왕을 친견하며
열　째: 생전과 사후에 아미타불. 관세음보살. 대세지보살이 응호하며, 모두 극락세계에 태어난다는 내용을 담고 있다.

XII. 불교의 각종 의식과 의미

(4) 영산재(靈山齋)

영산재는 이승에서 함께 살던 망자가 죽은 이후 그의 영혼이 다음 세상에서 안식을 찾아 평온하게 안착하기를 바라는 마음을 담아 기원하는 불교의 의식이다.

이 의식의 총체적인 것을 천도재라고 한다면 이 천도재도 '상주권공재(常住勸供齋)'와 '각배재(各拜齋)' '영산재(靈山齋)'로 다시 구분한다.

이 중에서 영산재는 '영산작법'이라 불리울만큼 규모와 절차가 큰 의례로 석가모니 부처님이 영취산에서 설법하던 영산회상(靈山會上)을 상징화한 재(齋)이다. 영산회상을 열어 영혼을 발심시키고, 그에 귀의하게 함으로써 극락왕생하게 한다는 의미에서 봉행하는 의식이다. 그런데, 영산재가 진행되는 절차는 매우 복잡하다.

순서를 간략하게 설명하면, 우선 의식도량을 상징화하기 위해 야외에 영산회상도를 내어 거는 괘불이운(掛佛移運)을 시작으로 괘불 앞에서 찬불의식을 갖는다.

설치 예술행위로는 의식단의 중앙 정면 한가운데 당간기주에 걸린 괘불 앞으로 불보살(佛菩薩)을 모시는 상단(上壇), 신중(神衆)님을 모시는 중단(中壇), 영가(靈駕)를 모시는 하단(下壇)을 세운다.

그 뒤 영혼을 모셔오는 시련(侍輦), 영가를 대접하는 대령, 영가가 생전에 지은 탐진치(貪瞋痴)의 삼독(三毒)을 씻어내는 관욕(灌浴)이 행해진다. 그리고 공양을 드리기 전에 의식장소를 정화하는 '신중작법(神衆作法)'을 한 다음 불보살에게 공양을 드리고 죽은 영혼이 극락왕생하기를 바라는 찬불의례가 뒤를 잇는다.

이렇게 권공의식을 마치면 재를 치르는 사람들의 보다 구체적인 소원을 읊는 축원문이 낭독된다. 이와 같은 본의식이 끝나면 영산재에 참여한 모든 대중들이 다 함께 하는 회향의식이 거행된다.

본의식은 주로 의식승(儀式僧)에 의하여 이루어지나, 회향의식은 의식에 참여한 모든 대중이 다 같이 참여하는 특징이 있다. 끝으로 의식에 청했던 대중들을 돌려보내는 '봉송의례'가 이루어진다. 영산재는 '중요무형문화재 제50호'로 지정될만큼 그 가치와 보존이 중요한 전통적인 불교의식의 하나이다. 현재는 태고종 본산인 신촌 봉원사에서 매년 봉행하고 있다.

(5) 다비식

'다비(茶毘)'는 죽은 망자의 몸을 자연으로 다시 돌려준다는 의미로 불태우는 장례법으로 화장(火葬)을 의미한다. 불교가 발생한 인도의 고대어인 산스크리트어로 자피타(Jhapita)라고 하는데 이를 중국이 불교를 받아들이면서 산스크리트어를 소리나는데로 번역해 '다비'라고 이름하였다.

화장은 수장(水葬), 토장(土葬), 풍장(風葬) 등과 더불어 인도

XII. 불교의 각종 의식과 의미

고대의 장례법으로 그 중 가장 고귀한 계층의 장례식으로 이용된 장례방법이다. 고대 인도의 장례법 중의 하나였던 화장이 불교 특유의 장례로 인식된 것은 바로 석가모니 부처님의 장례에 이 방법으로 다비가 이루어졌기 때문이다.

석가모니 부처님이 열반에 드신 후 시신을 태워 나온 사리 등을 팔등분하여 여덟 개의 탑을 세웠다는 근본대탑(根本大塔)의 이야기처럼, 이미 돌아가신 부처님을 대신하여 다비식에서 나온 사리를 신앙화하게 되면서 후일 스님의 다비식에서 나온 사리 역시 중요한 의미를 갖게 되었다.

불교 교리는 우리 중생들의 죽음 자체가 생(生)의 끝이 아니며, 다음 생애로 태어나기 위한 일련의 과정으로 가르치고 있다. 즉, 불교에서는 근본적으로 삶과 죽음을 서로 대립하는 것으로 보지 않는 삶과 죽음이 같다는 생사일여(生死一如)란 철학적 사고가 배어 있다. 그래서 화장이란 단순한 육신을 불태우는 것이 아니라 죽은 자의 남아있는 미혹(迷惑)과 무명(無明)의 티끌을 모두 태운다는 철학적 의미를 뜻한다. 자신의 흔적을 이 생애 남길 필요가 없어 불로서 육신을 태우는 것이 바로 다비식의 불교적 의미인 것이다.

다비식의 내용과 절차는 불교의 의례법규인 '석문의범(釋門儀範)'을 따르나 구체적으로 다루고 있지 않아서 임종에서부터 입관까지의 절차는 일반 상례와 비슷하나 영결식의 방법만 다르다.

그 차례를 살펴보면 주례승은 시신이 다 탈 때까지 서서 독경하며, 유골은 쇄골한 다음 절에 봉안하고, 49재, 100일재(百日齋), 소상(小祥), 대상(大祥)을 지내고 3년상을 치루게 된다.

식의 세부절차로는 개식(開式), 삼귀의례(三歸依禮), 약력보고(略歷報告), 착어(着語), 창혼(唱魂), 헌화(獻花), 독경(讀經), 추도사(追悼辭), 소향(燒香), 사홍서원(四弘誓願), 폐식(閉式) 등의 일반적인 절차를 따른다.

(6) 다례재(茶禮齋)

'다례재(茶禮齋)'란 조상이나 신(神), 부처님에게 차를 달여 바치는 예의범절이라고 할수 있다. 이러한 다례를 의식화하여 봉행하는 것을 다례라고 하는데, 그 종류로는 '궁중다례', '유가(儒家)의 다례', '불가(佛家)의 다례', '도가(道家)의 다례' 등으로 구분하고 의식을 중심으로 하여 의식다례라고 부른다.

불교 교리로 볼 때의 다례는 부처님에게 여섯가지 공양물, 향·등·차·쌀·과일·꽃 등을 올리는 것을 육법공양(六法供養)이라고 하는데, 이 육법공양 중의 하나인 차를 부처님께 바치는 의식을 기본으로 하여 '헌공다례(獻供茶禮)'라고 부른다.

우리 민족이 언제부터 차를 응용하기 시작했는 지는 정확히 알 수 없지만, '삼국사기(三國史記)'의 기록을 보면, 선덕여왕(632~647) 8년 때부터라는 내용으로 보아 적어도 7세기중엽부터 차를 마셨음을 알 수 있다. 또 흥덕왕(828) 때는 중국에서 차나무 씨를 들여와 지리산에 심어 늘어나는 수요에 충당하였다는 기록도 있다.

'삼국유사(三國遺事) 가락국기(駕洛國記)'에는 661년 신라 문무왕(文武王) 때 가야의 종묘에 시절 제사인 다례(茶禮)를 지내는 음식으로서 떡·과일 등과 함께 차가 놓여졌다는 기록으로 보아 차를 신성한 음료로 마셨음을 알 수 있다.

그리고 차를 마시는 것과 동시에 차를 바치는 우리나라 다례의 기원은 '삼국유사(三國遺事)'경덕왕(景德王) 충담사(忠談師)조에 '신라시대 경덕왕 24년(765년) 충담스님께서 매년 삼짇날(重三之日)과 중구(重九)날에 남산 삼화령의 미륵세존님께 차 공양을 올렸다.'는 기록이 보인다.

또한, 중국의 백장대사(百丈大師)가 저술한 선종(禪宗)의 수도승들이 지켜야 할 규칙을 모아놓은 '백장청규(百丈淸規)'에 서술된 다례법을 신라의 도의(道義)가 당나라에 유학하고 오면서 전파하였다고도 한다.

이 '백장청규'에는 특정한 인물을 위한 다례인 특위차를 비롯한 '불전헌다법'이 적혀 있는데 일본에 전해진 다도법이 바로 이 것이다.

(7) 연등회(燃燈會)

한자로 '등을 밝힌다'는 의미의 연등(燃燈)은 부처님을 위해 등을 밝혀 그 공덕을 다하였다는 옛 경전의 내용으로부터 시작된 하나의 불교의식이다.

등을 밝히는 행위는 향을 태우거나 부처님께 좋은 차, 꽃을 공양하는 등과 같이 부처님께 경외감을 표시하고 그 행위로 하여금 공덕을 쌓고자하는 불교의식의 하나로 발전된 것이다.

5세기 중국의 위(魏)나라 때 지어진 '현우경(賢愚經) 빈녀난타품(貧女難陀品)'에는 '난타'라는 가난한 여인이 그녀의 모든 재산을 바쳐 산 기름으로 부처님께 공양한 등이 아침이 되어도 꺼지지 않고 끝까지 밝게 빛났다고 하였다.

새벽에 이것을 본 부처님께서 '이 여인은 등불공양의 공덕(功德)으로 성불(成佛)할 것이다.'라는 말씀과 함께 그녀에게 수기(授記)를 하였다는 내용이 있어 부처님 생존 당시부터 등을 공양하는 풍습이 있었음을 알 수 있다.

우리나라에서의 연등회의 역사를 찾아보면, 신라 경문왕(景文王) 6년(866), 진성여왕(眞聖女王) 4년(890)에 각각 정월(正月) 15일에 황룡사(黃龍寺)로 행차하는 중, 연등을 관람하였다는 간등(看燈) 기록이 보인다.

또한, 불교가 국교로 숭앙되던 고려

XII. 불교의 각종 의식과 의미

시대에는 삼국시대부터 행해졌던 연등회(燃燈會)와 팔관회(八關會)가 국가의 주관으로 널리 행해졌음을 알 수 있다.

연등회는 팔관회와 함께 고려의 2대 명절로 정착되었으며 연등도감(燃燈都監)과 팔관보(八關寶)라는 행사 주관기구를 두어 진행하였다. 그리고 음력 정월 보름이나 2월 보름에 국왕과 온 백성이 풍년을 기원하며 궁궐부터 시골까지 갖가지 화려한 등을 밝히고 잔치를 열고 가무를 즐겼다.

그리고 고려 의종(1147-1170)때에는 백선연이 사월 초파일에 연등회를 시행하였으며, 고종32년(1245)에 최이에 의해 연등행사를 초파일에 시행한 것이 오늘날 사월초파일 행사로 봉행되고 있는 연등회로 보고 있다.

조선조에 들어서는 관청중심의 행사는 중지되었으나 민간에서는 민속행사로 남아 세시풍속으로 전승되었다. 초파일에 앞서서 등을 만들기 위해 아이들이 종이를 잘라 등대에 매달아 기를 만들어 들고 장안을 돌아다니며 쌀이나 돈을 구하여 등 만드는 비용으로 쓰는 '호기놀이'가 성행하였고, 초파일이 되면 집집마다 등대를 높이 세우고 소원하는 등을 만들어 밝혔다.

밤이 되면 장안의 남녀들이 몰려나와 등을 구경하는 '관등놀이'를 즐겼으며 이런 날은 통금이 해제되는 날이기도 했다.

1955년의 조계사를 중심으로 시내를 도는 제등행렬을 시작으로 지금은 축제의 일환이자 연등회 전통의 보전을 위한 연등축제가 불교종단 합동행사로 초파일 직전 매년 열리고 있다.

2. 불교의 의식무용

불교의 각종 의식이나 행사를 집전하면서 봉행하는 각종 춤동작을 통칭하여 범무(梵舞)라고 말한다. 이 범무를 행할 시에는 음악이 수반되는데, 그 목적은 부처님의 가피와 은혜를 찬탄하는 의미로 신업공양(身業供養)이라고도 하였다.

그래서 신라 말기부터 고려조에 이어 세종시대에까지 범패와 범무가 상당한 수준으로 발전해 왔으며, 세종대왕 때는 궁중아악으로 보급될 정도로 체계화되기도 하였다.

고려시대에는 불교의식이 국가 행사나 일반 민간의 행사에도 성행하였고, 수많은 범패를 하는 의식승이 있었다고 보고되고 있는데 이 당시에도 범무도 함께 봉행되었음을 각종 민속화를 통해서도 확인할 수가 있다.

현재 구체적 자료로 전하는 것은 고려 숙종 때로 이때 불교의 의식집이 처음으로 정비되고 범패가 의례집전으로 간행되기도 하였다. 또한, 범음집(梵音集)이 증보판을 펴냈고, 19세기에 와서는 '작법귀감(作法龜鑑)', 20세기에는 '석문의범(釋門儀梵)'에 이르기까지 그 내용이 재편되는 순과정을 거치며 오늘에 이르렀다.

현재 작법으로 시행중인 불교 의식무용은 다음과 같이 세 가지가 있다.

XII. 불교의 각종 의식과 의미

(1) 바라춤

바라춤은 불교 의식무용으로 의식절차에 따라 몇 가지 유형으로 구분하고 있다.

이 춤은 '바라'라는 의식용 악기를 시연자가 지참하고 동작과 춤사위에 따라 연주한다는 점이 다른 춤과 대별된다.

천수바라춤, 명 바라춤, 사다라니바라춤, 관욕게 바라춤, 내림게 바라춤, 막 바라춤 등이 그것이다.

이 바라춤은 나비춤과 같이 특수한 의상을 필요로 하지 않고 통상 입는 승려의 장삼과 가사(정장)를 걸치고 추게 된다.

춤을 추는 양식은 나비춤과 마찬가지로 두 사람·네 사람·여섯 사람 등이 서로 짝을 이루어 마주보고 양손에 바라를 들고 범패(불교음악)·호적·태징·삼현육각 등의 반주에 맞추어 추는 다소 화려한 춤이다.

하얀 장삼에 붉은 가사 녹색 띠를 두른 복식과 두 손에 바라를 들고 장중하면서도 무겁지 않게 몸을 놀리는 이 춤은 색감(色感)과 움직임이 모두 들뜨지 않은 속에서 화려함을 끌어낸다는 평가를 받고 있다.

동작을 구체적으로 묘사하면, 발은 외로 도나 언제나 고무래 정자(丁字)로 떼어놓고 무릎과 허리를 동시에 굽히면서 머리위에서 바라를 돌린다. 그리고 무릎과 허리 놀림이 덩실덩실 리듬을 타고 발놀림은 또박또박 장중하다. 이 때 발의 움직임은 보통의 무용에서의 발동작은 하나(첫 박자)에

호흡을 들어 마시면서 무릎을 쭉 펴 딪음으로서 몸의 움직임이 상승되어 보이듯이 하는 것과는 달리 반대로 하나(첫 박자)에 무릎의 굴신을 주어 내려앉는 듯한 몸짓으로 시작된다는 것이 일반 무용과는 다르다.

또한, 바라를 든 두 손 두 팔은 물결처럼 덩실거리는 몸의 움직임과 함께 좌우로 벌렸다·합쳤다를 반복하고 한 팔씩 전후로, 상하로 반복해서 돌린다. 바라를 맞부딪치거나 비벼서 내는 소리가 춤의 리듬 속에 장중한 멋을 더해 주며 바라가 지닌 철컹거리는 쇳소리는 종이나 요령처럼 쨍그렁 거리지도, 징처럼 크지도 않으면서 부드럽게 쓰다듬는 맛을 나타내야 한다. 그 소리는 정말 죽은 자의 넋이라도 달래 가며 제도할 수 있을 것 같이 깊고 따뜻함을 나타내야 한다.

범패의 분류와 종류를 살펴보면, 크게 안차비와 바깥차비 둘로 나눈다.

안차비란, 각청의 유치 청사와 시식 수륙재 예수재 등 요령, 목탁으로 작고 짧은 소리로 하는 것을 말하고

바깥차비는 바깥 마당에서 괘불을 모셔놓고 상주권공, 각배, 영산재 등 큰소리로 길게하는 소리를 말한다.

범패(홑소리)는 바깥차비중 혼자 독창으로 부르는 비교적 큰소리 중에서도 주로 짧은 소리이며, 범음(짓소리)은 대중이 함께 합창으로 부르는 긴소리 즉 짓소리라고 하는데, 소리가 길고 굴곡이 심해서 범패 전 과정 중에서 배우기가 가장

XII. 불교의 각종 의식과 의미

어렵고 힘들기 때문에 모든 소리를 다 배우고 난 다음에 맨 마지막에 배우는 소리이다.

범패의 기능적 측면을 살펴보면, 부처님의 말씀을 몸(身), 입(口), 정신(意)을 통해 이루어지는 수행적 기능을 가지고 있다. 이러한 음악은 사물(四物)과 함께 어우러져 작법과 더불어 청각 및 시각적인 것을 통해 의식을 보다 장엄화시키며, 또한 교리수행의 방법으로써 신심을 더욱 심화시키는 기능을 갖고 있다.

그래서 무형문화재로 지정된 영산재 행사에서 자주 시연되는 춤이다. 문헌으로 나타나 있는 자료를 살펴보면, '신간책보범음집(新刊冊補梵音集)(1713)', 백파(白坡)스님의 '작법귀감(作法龜鑑)(1828)', '범음종보(梵音宗譜)(1478)' 등이 있고, 영조24년(1748년) 범패의 대가 대휘(大輝)화상이 '범음집(梵音集)'을 저술한 것으로 되어있다.

(2) 나비춤

이 춤은 모든 일체의 행위 동작이 불법을 상징한다는 의미를 가지므로 다른 춤에 비해 의상도 특별한 내용을 가진다.

이 나비춤의 동작은 완벽하다는 것이 특징이며, 공연 형태는 2명, 4명, 6명이 서로 반반씩 마주보며 시연하는데 지정한 의식

205

절차에 따라 정례작법(頂禮作法), 사방요신작법(四方搖身作法), 향화게작법(香花偈作法), 운심작법(運心作法), 자귀의불작법(自歸依佛作法), 모란작법(牧丹作法), 구원겁중작법(久遠劫中作法), 도량게작법(道場偈作法), 다게작법(茶偈作法)으로 공연 명칭이 달라진다.

하지만, 명칭이 다르다고 해서 전체적인 춤 사위가 달라지는 것은 아니며, 중요한 것은 반신요배(半身搖拜)와 양쪽 발을 정자(丁字)로 하여 도는 데 있다.

특히, 이상의 여러 작법은 대체로 그 의식의 내용을 뜻하는 의식문(儀式文)을 범패의 소리에 맞추어 춤을 추지만, 사방요신작법·정례작법 등과 같이 동작만 나타내는 춤도 있다. 그리고 이 춤에는 특수한 의상과 고깔을 쓰고 춘다는 점이다.

나비춤이라는 이름은 중국의 고승(高僧) 조식(曹植)이 범패 정립시 계시 속에 물고기와 나비 떼의 춤에서 불덕(佛德)을 보고 만든 춤이라는 데서 붙여진 이름이라고도 하고, 하얀 장삼과 화사한 고깔과 띠 가사를 입고 추는 춤의 형상에서 왔다고도 한다.

정견(正見), 정사유(正思惟), 정어(正語), 정업(正業), 정명(正命), 정정진(正精進), 정념(正念), 정정(正定) 등 8정도(八正道)를 쓴 1m 높이의 기둥을 가운데 두고 한 번씩 두드리며 추는 나비춤은 사유마다 의미가 있는 어려운 춤이어서 배우기 힘들다 한다. 이러한 점에서 불교 내에 어느 한 분 스님이

XII. 불교의 각종 의식과 의미

범패와 작법의식 전반을 거행할 수는 없고 적어도 네 분 이상 힘을 합해야 범패(북, 징, 호적)와 나비, 법고, 바라춤을 감당할 수가 있는데 점점 배우고자 하는 스님이 사라져 그 맥을 송암 스님과 지화(紙花)의 명장이신 월화(月華) 스님, 김도봉(金道峰) 스님이 문하생을 기르고 있다.

(3) 사물춤(法鼓춤)

법고는 범종(梵鐘)·목어(木魚)·운판(雲板) 등과 아울러 불교악기의 사물(四物)로 알려져 있다. 그리고 이들 사물은 불교의식에서 매우 중요시되는 불교악기이다. 이들 네 악기는 그 소리를 내는 기능에 따라 전설적인 내용이 부여되어 있다.

즉 법고는 네발 가진 짐승을 위하여 치는 것이고, 범종은 지옥중생을 위하여 치는 것이며, 목어는 물속의 중생(衆生)을 위하여 치며, 운판은 하늘을 나는 공중의 중생을 위하여 치는 것이라고 하였다. 하지만, 이와 같은 사물악기의 기능에 전설적 의미를 부여하게 됨은 사물악기를 동시에 칠 때에 모든 우주의 중생은 이들 사물악기의 소리를 듣고 정각(正覺)을 이루게 하라는 의미를 지닌다.

이 법고춤은 불교의식에 있어 환희심을 불러일으키는

용악환희라고 하는 뜻을 상징하는 춤이다. 따라서 이 춤은 어느 춤보다도 춤의 사위와 동작이 크고 활기에 넘친다고 할 수 있다. 의상은 바라춤에서와 같은 보통 승려의 의상을 입는다.

　시연형태를 간략히 설명하면, 커다란 법고 앞에서 합장 삼배하고 북 가락을 든 두 손을 크게 들어 북의 몸체를 쓰다듬듯 울려 북소리를 깨우고, 한 손씩 번갈아 4장단을 치다가 연풍대처럼 몸을 돌리면서 북을 두드리는가 하면 오른손과 왼손을 번갈아 두드려 점차 속도와 강약을 줄여 차분하게 끝을 맺는다.

　법고춤에서의 의상은 팔을 들면 발끝까지 닿을 정도로 유난히 소매가 넓은 하얀 장삼에 붉은 색 가사 초록색 띠 등의 화사한 복식이 느리고 장중한 움직임이나 몰아치는 빠른 동작으로 하여금 색깔과 움직임이 아름답다.

(4) 기타 타주춤(打柱)

　이 춤은 불교 신행자들이나 승려들이 수행정진을 다짐하는 의미로 봉행하는 춤이다. 불교의 중요한 수행법인 팔정도(八正道)를 각각 팔각의 기둥위에 보이도록 표시하여 오른손에 채를 잡고, 이 채로 팔정도의 기둥을 두드리며 주위를 돌며 추는 춤이다.

　이 춤은 동작으로 보아서는 춤이라고 할 수 없을 정도로 춤의 사위가 단조로우나 나비춤과 같은 의상으로 정중한 동작을

XII. 불교의 각종 의식과 의미

나타내는 불교 의식무용이다.

의상은 승려들이 정장이라 할 수 있는 장삼과 가사이며, 다게작법이나 명바라와 같이 불교의식을 구현하는 의식 무이다.

그리고 승무(僧舞)와 같이 내용 자체가 파계승(破戒僧)의 번뇌와 고민을 그린 내용으로 볼 수 있는 민속무도 있지만 이 같은 무용은 의식무로는 수용하지는 않고 있다.

(5) 영산재의 무용의식

① 영산재의 의미

영산재(靈山齋)는 1973년 국가주요무형문화재 제50호로 지정된 전통의식이다. 지난 2009년 유네스코 세계문화유산으로도 등재된 이 행사는 석가모니 부처님이 영취산에서 법화경을 강설 하실 때의 광경을 재현한 의식으로, 망자의 영혼이 부처의 설법을 듣고 극락왕생한다는 믿음에 따라 행해지는 의식이었다.

현재 시행하는 단체로는 대한불교태고종 봉원사가 그 전통적 시연과정을 재현하여 봉행하고 있는데 통상 망자가 사망한 후 49재의 마지막 재가 되는 날 의식으로 공연한다.

이 의식을 시행하는 의미는 부처님과 염라부의 시왕들에게 재를 올려 망자의 넋이 극락정토에 태어나기를 기원하는 의미를 담고 있다. 재를 올리는 순서를 보면, 하늘과 땅에 상주하는 영가와 모든 제불보살과 조사등 성인(聖人)을 맞이하는 의식으로 시작하며, 부처님이 강설하신 영적인 세상에 영가를 다시 보내드리는 봉송의 의식을 마무리된다. 실제 영산재는 전체과정이 장대하여 2박 3동안 진행되는 원형이 있는데, 이 경우에는 전문 의식을 집전하는 '범패승'이 주관을 한다.

이 때에는 그 규모에 따라 상주권공재(常住權供齋)·시왕각배재(十王各拜齋)·영산재로 구분하여 봉행하고 있다. 순서는 하늘과 땅의 영가와 모든 성인(聖人)을 맞아들이는 시련(侍輦)으로 시작하여 죽은 이의 혼백을 부르는 대령(對靈), 영혼을 정화하는 관욕(灌浴), 저승에서 사용할 돈을 마련하는 조전점안(造錢點眼), 의식이 잘 진행되도록 초청된 모든 성스러운 영가에게 다례를 제공하는 신중작법(神衆作法), 이 의식의 주인이며 법화경을 가르칠 석가모니 부처, 그리고 모든불보살을 불법에 따라 영접하는 단계로 괘불이운(掛佛移運), 부처와 보살이 초청된 상태에서 식사를 공양하는 단계로 상단권공(上壇勸供), 이어서 부처를 대신하여 승려가 의식의 목적을 재확인하고 이를 달성하기 위한 구체적인 방법을 설법하는 단계로 법문(法門)의식을 집행한다.

그 다음 영산회상의 모든 대중이 함께 식사한다는 상징적인 의식으로, 오관게(五觀偈)나 타주(打柱)춤 등 다양한 범패와 의식무용이 등장하는 식당작법(食堂作法), 의례가 잘 진행되도록 의식에 참석중인 모든 신중을 청하여 모시는 단계인 중단권공(中壇勸供), 이어 시식과 회향으로 마무리 된다.

XII. 불교의 각종 의식과 의미

영산재는 모든 중생(衆生)과 영가가 부처, 불법과 승려를 숭앙하여 진리의 세계에 들어가도록 돕기 위하여 거행되는데 우리나라 사찰에서 봉행하는 가장 수준 높고 가장 큰 규모의 의식으로, 상주권공재가 보통 1일, 시왕각 배재가 2일 동안 거행되는 데 비해, 영산재는 3일이 소요되며, 보통 야외법회 (野外法會)로 진행된다.

현재 영산재는 매년 6월6일 현충일로 변경되어 대한불교 태고종 신촌 봉원사에서 시연되고 있으며, 범패전문 예능 보유자인 구해스님을 비롯하여 지공, 벽응, 송암, 일응스님이 240여 명의 영산재 보존위원회를 이끌고 있다.

부석사 무량수전

불교공부 마음공부

XIII

불자 수계의식의 순서와 절차

XIII. 불자 수계의식의 순서와 절차

일정기간동안 신도와 승려로서의 교양을 갖춘 뒤에 3사(師 : 戒師. 作法師. 敎授師), 7증(證)이 있는 자리에서 수계식(득도식)을 갖는다.

1. 타종(打鐘) : 타종은 보통 5회로 한다.
2. 개회(開會) : 개회는 수계의 모든 절차를 선포하는 선언이다.
3. 삼귀의(三歸依) : 불법승 삼보에 귀의하는 합장 예를 올리는 것을 말한다.
4. 거향찬(擧香讚) : 향을 사루어 부처님께 귀의하고 수계자의 수계를 고하는 의식을 말한다.

   마음 자성인 불성이여
   신령하여 밝아 고요하게 비치나니 참되고 항상하여라
   삼보전에 귀의하여 이 몸 바치고 오계받아 삶의 기틀 삼으니
   삼보는 자비하신 배이옵니다.
   이제 마음의 향을 사루어
   진리의 으뜸이신 삼보에 엎드려 정례하옵니다.

XIII. 불자 수계의식의 순서와 절차

5. 독경(讀經) : 반야심경 또는 심묘장구대다라니를 염송한다.

[우리말 반야심경]
마하반야바라밀다심경
관자재보살이 깊은 반야바라밀다를 행할 때
오온이 공한 것을 비추어 보고 온갖 고통에서 건너느니라
사리자여! 색이 공과 다르지 않고 공이 색과 다르지 않으며
색이 곧 공이요 공이 곧 색이니, 수 상 행 식도 그러하니라
사리자여! 모든 법은 공하여 나지도 멸하지도 않으며
더럽지도 깨끗하지도 않으며 늘지도 줄지도 않느니라
그러므로 공 가운데는 색이 없고 수 상 행 식도 없으며
안 이 비 설 신 의眼耳鼻舌身意도 없고
색 성 향 미 촉 법色聲香味觸法도 없으며
눈의 경계도 의식의 경계까지도 없고
무명도 무명이 다함까지도 없으며
늙고 죽음도 늙고 죽음이 다함까지도 없고
고 집 멸 도苦集滅道도 없으며 지혜도 얻음도 없느니라
얻을 것이 없는 까닭에 보살은 반야바라밀다를 의지하므로
마음에 걸림이 없고 걸림이 없으므로 두려움이 없어서
뒤바뀐 헛된 생각을 멀리 떠나 완전한 열반에 들어가며
삼세의 모든 부처님도 반야바라밀다를 의지하므로
최상의 깨달음을 얻느니라

반야바라밀다는 가장 신비하고 밝은 주문이며 위없는 주문이며
무엇과도 견줄 수 없는 주문이니
온갖 괴로움을 없애고 진실하여 허망하지 않음을 알지니라
이제 반야바라밀다주를 말하리라.
아제아제 바라아제 바라승아제 모지 사바하 (3번)

6. 청성(請聖) : 모든 부처님과 보살 성현들의 가르침을 청하는 의식으로 향과 꽃으로 우러러 청하는 절차이다.

사바교주 본사 석가모니불
서방정토 아미타불 당래화생 미륵존불
허공법계에 두루하신 모든 부처님과
보살님 무한히 자비로우신 서원의 님이시여!
저희 수계 제자들 일심으로 청하오니
자비광명 두루 비추사
저희들의 수계를 증명하시옵소서. (목탁을 내리며 큰 절함)
향과 꽃으로 우러러 청하옵니다.

대승 소승 비니율장 오편 삼취 해탈목차
십이분경 가르침의 모든 경전 욕심 떠나 참 되고 깨끗하며
깊고 깊은 법보님이시여!
저희 수계 제자들 일심으로 청하오니

계수일심 정례한 저희들의 수계를 증명하시옵소서.
(목탁을 내리며 큰절함)

향과 꽃으로 우러러 청하옵니다.
관음 대세지 문수 보현
청정하신 모든 보살님
율장회상 우바리 존자님 서천 동토의 역대 조사님
이 나라의 율조이신 자장 진표 율사님
무한히 자비로우신 서원의 님이시여
저희 수계 제자들 일심으로 청하오니
자비 광명 두루 비추사
저희들의 수계를 증명하시옵소서.
(목탁을 내리며 큰절함)
향과 꽃으로 우러러 청하옵니다.
광명두루하신 하늘의 범천 제석 사천왕님
천룡팔부 신중님
가람토지 수호신 금강역사님
이승 저승의 신령스런 선신님
무한히 자비로우신 서원의 님이시여
저희 수계 제자들 일심으로 청하오니
자비 광명 두루 비추사
저희들의 수계단을 지켜 주시옵소서.
(목탁을 내리며 큰절함-내림 목탁)

7. 청사(請師) : 수계법사를 청하는 의식으로 수계법사는 등단하며, 수계자는 삼배한다.

인례자
선남자들이여, 이미 여러분은 삼보를 앙청하였습니다.
지금 삼보의 광명이 밝게 빛나 이 법의 자리를 비추고 있습니다.
지금 여러분은 진정한 불자가 되기 위하여
청정한 묘계를 받으려 하고 있습니다.
이것은 오직 자의에 의한 것이지 타의에 의한 것이 아닙니다.
이제 여러분은 계사를 청하여야 합니다.
수계자 저희 수계자들은 지금 대덕 법사님을 청하여
우바새 우바니계의 화상으로 모시옵니다.
저희들은 이제 대덕 법사님을 의지하여 삼귀의를 하며,
오계를 받아 올바른 불자가 되겠기를 다짐합니다.
원컨대 대덕 법사님께서는 청정계를 주옵소서.
크옵신 자비로 연민히 여기옵소서. (반배)

8. 개도(開導) : 계사가 계를 받는 뜻을 설하며 계율에 대한 낱낱의 법을 일깨워주는 의식으로 수계법사의 재량으로 내용을 바꿔 늘리거나 감할 수 있다.

금일 수계제자인 선남자 선여인이여

XIII. 불자 수계의식의 순서와 절차

무릇 계(戒)라고 하는 것은 악(惡)을 없애고
선(善)을 드러나게 하는 근본이며 범부를 벗어나 현자가 되고
성인이 되는 씨앗이요 바탕이며 뿌리인 것입니다.

사람마다 마음이 있고 그 마음에는 팔만사천의 온갖 한량없는
번뇌가 있고 그 번뇌는 또 끝없는 나쁜 업력을 만들어 이 번뇌
와 업력 때문에 우리는 고통과 고난, 괴로움의 끝이 없는 생과
사의 윤회에서 헤매고 있는 것입니다

오늘 수계제자가 삼계의 스승인 부처님과 제불보살 일체 성현
들을 의지하여 수계를 하는 것은 바로 이러한 생사윤회의
고난을 벗어나 자유하는 평화와 해탈을 성취하여 열반의 생을
누리는 지름길이며 그 바탕이 되는 것입니다.

이러한 까닭에 부처님께서 말씀하시길 계는
성불의 계단을 오르는 사다리요
삶과 죽음의 기나긴 밤을 밝히는 등불과 같고
고통의 바다를 건너는 배와 같다고 말씀하셨습니다

인생의 삶을 살아가는데 있어서 계(戒)를 수지(受持)하는
것은 먼길을 가는 나그네의 양식이 되는 것이요 병든 사람
에게 있어서 좋은 약이 됨이요
혼탁한 물을 맑히는 보배 구슬이요
행복을 열망하는 사람의 씨앗인 것입니다.

219

이제 오계의 율법을 하나하나 설하노니 수계제자들은 마음 깊이 경청하고 수지하여야 하겠습니다.

첫째, 산 목숨을 죽이지 말라.(不殺生戒)
산목숨을 죽이지 말라는 것은 성내지 말고
포악한 마음 잔인한 마음을 멀리하며
자비로서 중생의 생명을 아끼고 사랑하라는 뜻이니
이것은 중생에게 있어 평화의 바탕이 되기 때문입니다.

둘째, 주지 않는 것을 훔치지 말라.(不偸盜戒)
주지 않는 것을 훔치지 말라는 것은 게으르지 말고
남의 재산을 탐하지 말며 진리와 정의를 어기지 말고 힘써
일하고 이웃을 위하여 참된 보시를 하라는 뜻이니
이것은 중생에게 있어 행복의 바탕이 되기 때문입니다.

셋째, 사음하지 말라(不淫行戒)
사음하지 말라 함은 예의와 더불어 순결을 지킴으로써 극기의 힘을 키우고, 자제의 능력으로 인격을 도야하라는 말씀입니다.

방일을 멀리하고 타인에게 관대하며 자기를 청정케하는 해탈법을 닦으면 행복이 도래하게 되는 것입니다.

이것은 모든 중생에게 있어서 곧 청정심의 세계를 이룩하는 바탕이 되기 때문입니다.

XIII. 불자 수계의식의 순서와 절차

넷째, 거짓말을 하지 말라(不妄語戒)
거짓말을 하지 말라는 것은 남을 속이거나 욕하거나 아부하지
말며 진실로서 말하고 정직하게 행하며
신뢰로서 약속을 지키라는 뜻이니
이것은 모든 중생에게 있어
믿음의 세계를 이룩하는 바탕이 되기 때문입니다.

다섯째, 술먹고 취하지 말라.(不飮酒戒)
술먹고 취하지 말라는 것은 술먹고 남에게 피해를 끼치지 말
며 지혜의 바른 정신으로
자신을 다스리며 항상 맑은 행동으로
깨어있는 사람이 되라는 뜻이니,
이것은 모든 중생에게 있어
인격의 완성을 구현하는 바탕이 되기 때문입니다

* 어린이 오계를 수지할 때는 수계의 내용을 아래와 같이
  바꾸어서 행한다.

첫째, 자비심으로 생명을 사랑하라.
둘째, 보시를 행하며 복덕을 지어라.
셋째, 몸과 마음에 청정행을 닦아라.
넷째, 진실을 말하고 신뢰를 지켜라.
다섯째, 언제나 밝고 바른 지혜를 가져라

이러한 부처님의 오계는 남에게서 배우는 교훈의 의미가 아니라
자기 스스로 자신을 지키며 가르치는 것이니
이것은 곧, 자기 발견의 길이며
불교 신행의 궁극적 목표인 해탈로 나아가는 방편의 문으로 계는
우리 불자들의 굳건한 생활신조이며 행동강령이 아닐 수 없는
것입니다

계를 받는 불자는 천년동안 어두웠던 방에 등불을 밝힘이니
오늘의 수계제자는 삶이 충만으로 광명으로 은혜로 가득할
것이며
자유하는 생명 평화의 생명으로 안락을 얻을 것입니다.

불덩이인줄 알고 잡으면 손을 델 데는 이치와 같이 계를
받았다가 설사 지키지 못하는 경우라도 크나큰 이익이 되리니
그래서 옛 성인은 계를 받는 것은 최상의 공덕이라고
말씀하셨습니다.

9. 참회(懺悔) : 계사가 중앙에 나와 수계자들의 앞에서 서서 인례한다.

계사(戒師) : 이제 수계제자들은 억겁 세월동안 지은 악업과
죄업을 삼보전에 참회하여야 합니다.
이 법사를 따라 참회하십시오.

XIII. 불자 수계의식의 순서와 절차

수계제자(受戒弟子) : 저희 수계제자들은 한량없는 옛적부터
오늘에 이르기까지 탐내고 성내며 어리석어 교만과
게으름으로 많은 죄업을 지었습니다.
지금 저희는 몸과 말과 생각을 청정하게 가다듬어
삼보전에 지극한 마음으로 참회하나이다.

참회진언(懺悔眞言)
옴 살바 못자 모지 사다야 사바하
(108번 또는 연비 끝날때까지 계속함)

10. 연비(燃臂) :참회진언을 하면서 수계자는 계사로 부터 연비를 받는다.

연비란 계를 받는 마음의 굳은 약 속의 징표로서 향불로
자기의 팔을 태우는 의식을 말한다.

11. 삼귀의계(三歸依戒)

계사(戒師) : 이제 참회와 연비를 마쳤습니다.
선남자 선여인들이여, 연비의 따끔한 그 찰라에
억겁생에 지은 모든 죄업이
마치 마른풀 불에 타서 사라지듯 모두 소멸 되었습니다.
오늘 수계제자들의 몸과 마음은 더 없이 맑고 깨끗하고

223

순결해졌습니다.
이제 그 깨끗하고 순수 청결한 마음으로
다시 한 번 삼보전에 귀의할 차례입니다

수계제자(受戒弟子) :
저희 수계자들은 거룩한 부처님께 귀의합니다.(목탁. 큰절)
저희 수계자들은 거룩한 가르침에 귀의합니다.(목탁. 큰절)
저희 수계자들은 거룩한 승가에 귀의 합니다.
(큰절하고 끓어 않은 채)

저희 수계자들은 이미 부처님께 귀의하였습니다.
이후부터는 이 생명을 버리는 한이 있어도 끝내 부처님을 모르는
사악한 무리를 따르지 않을 것을 맹세합니다.(목탁. 큰절)

저희들이 의지한 부처님은 하늘과 땅위에서 홀로 존귀하신
세존으로서 저희들이 공경하는 바입니다.
크신 자비로서 인도하소서.
저희들 수계자들은
이미 부처님의 가르침인 불법에 귀의하였습니다.
이 생명을 버리는 한이 있어도
끝내 부처님의 가르침이 아닌 것을 따르지 않을 것을
맹세합니다.(목탁. 큰절)

저희들 수계자들은 이미 청정한 스님들께 귀의하였습니다.

XIII. 불자 수계의식의 순서와 절차

이 생명을 버리는 한이 있어도 끝내 스님들이 아니면
따르지 않을 것을 맹세합니다.(목탁.큰절)

저희들이 의지한 승가는 이 세상에서 가장 깨끗하고
화합 잘 된 모임으로서 저희들이 공경하는 바입니다.
크신 자비로서 인도하소서.(목탁. 큰절)

12. 선계상(宣戒相) : 선 계상은 수계제자에게 계를 널리 선포 지킬 것을 내려주는 의식을 말한다.

선남자 선여인들이여, 계를 받을 준비가 갖추어졌습니까?
이제 계사가 계의 조목을 하나하나 설하고
지킬 것을 물을 것인 즉,
여러 대중들은 "지키겠습니다."하고 약속해야 합니다.

첫째, 산 목숨을 해치지 말라.
자비로써 모든 중생을 아끼고 사랑하라.
이것이 선남자 선여인들의 계이니,
그대들은 몸과 목숨을 다하여 능히 잘 시키겠느냐?

수계자 : 지키겠습니다.
계   사 : 둘째, 주지않는 것을 훔치지 말라.
         이웃을 위하여 힘껏 보시하라.

　　　　　이것이 선남자 선여인들의 계이니
　　　　　그대들은 몸과 목숨을 다하여 능히 지키겠느냐?
수계자 : 지키겠습니다.
계　사 : 셋째, 사음하지 말라.
　　　　　몸과 마음을 청정히 닦으라.
　　　　　이것이 선남자 선여인들의 계이니
　　　　　그대들은 능히 지키겠느냐?
수계자 : 지키겠습니다.
계　사 : 넷째, 거짓말 하지 말라.
　　　　　진실을 말하고 약속을 지켜라.
　　　　　이것이 선남자 선여인들의 계이니
　　　　　그대들은 몸과 목숨을 다하여 능히 지키겠느냐?
수계자 : 지키겠습니다.
계　사 : 다섯째, 술먹고 취하여 잘못된 행동을 하지 말라.
　　　　　항상 맑은 정신으로 깨어 있어라.
　　　　　이것이 선남자 선여인들의 계이니,
　　　　　그대들은 몸과 목숨을 다하여 능히 지키겠느냐?
수계자 : 지키겠습니다.

* 어린이들에게 오계를 설하는 경우에는 다음과 같이
  바꾸어서 한다.

계　사 : 셋째, 거짓말을 하지 말 것이니
　　　　　진실한 말을 하여 남에게 믿음을 주라.

XIII. 불자 수계의식의 순서와 절차

    이것이 여러 어린이들이 계이니
    몸과 목숨을 다하도록 능히 지키겠느냐?
 수계자 : 지키겠습니다.
 계 사 : 넷째, 친구들과 싸우지 말 것이니
    친구들과 서로 돕고 친하게 지내라.
    이것이 여러 어린이들의 계이니
    몸과 목숨이 다하도록 능히 지키겠느냐?
 수계자 : 지키겠습니다.
 계 사 : 다섯째, 스승님과 부모님의 말씀을 잘 듣고
    어기지 말아야 한다.
    이것이 제자와 자식의 도리이니
    몸과 목숨이 다하도록 능히 지키겠느냐?
 수계자 : 지키겠습니다.

13. 수계자 발원(發願): 수계자가 계를 받고 자가의 서원을 세우는 것을 말한다.

저희 수계자들은 지극한 마음으로 삼보전에 발원하나이다.
부처님전에 삼귀의를 다짐하고 오계를 받은 이 공덕으로
저희 모두 삼악도와 팔난에 떨어지지 않고, 모든 부처님의
일을 성취하겠습니다.
또한, 이 공덕을 법계의 일체 중생에게 베풀어서
모두 보리심을 일으키고,

이 땅 위에는 정토를 이루게 하겠습니다.
영원한 자유를 몸으로 실현하고 자비를 생명으로
생명의 실상을 보아 평등 평화 행복으로
다 함께 생사에서 해탈케 하여지이다.

나무 석가모니불
나무 석가모니불
나무 시아본사 석가모니불.

14. 계첩수여 : 수계법사는 수계자에게 불명을 내린다.

수계불명을 받고 수계자는 대중을 향하여 인사드리고
대중은 이들을 영접 축하한다.

15. 회향(廻向)"수계제자와 대중은 함께 일어나 정근을 한다.

석가모니불 정근
나무 영산불멸 학수쌍존시아본사
석가모니불 ... 합송

XIII. 불자 수계의식의 순서와 절차

천상천하무여불 시방세계역무비
세간소유아진견 일체무유여불자
고아일심 귀명정례

(마칠 때 2; 참회하는 게송)
원멸사생육도 법계유정 다겁생래 제업장
아금참회 계수례 원제죄장 실소제 세세상행 보살도

(3번)
원이차공덕 보급어일체 아등여중생 당생극락국 동견
무량수 개공성불도(반배)

회향기도
오늘 저희들이 수계한 이 큰 공덕과 가없는 복전을
모두 회향 하옵니다.
원컨데 어둠속에 빠진 중생들을 한량없는 광명의
나라 불국토에 태어나게 하소서.
시방삼세 부처님과 존귀한 보살님들 일체 옹호성중님들
굽어 살펴 주옵소서. 나무 마하반야 바라밀

16. 사홍서원(四弘誓願)

사 홍 서 원
중생무변 서원도: 중생을 다 건지오리다.
번뇌무진 서원단: 번뇌를 다 끊으오리다.
법문무량 서원학: 법문을 다 배우오리다.
불도무상 서원성: 불도를 다 이루오리다.

17. 폐회(閉會)

18. 산회가

XIII. 불자 수계의식의 순서와 절차

∴ 불교의 법회와 법회의식 ∴

어느 종교나 교주의 가르침과 그를 가르치는 교화모임은 장소와 때를 불문하고 이루어져왔다. 그 집회의 명칭과 방법은 예배와 찬송, 교리와 방편을 되새기고 자기 성정을 살펴 다짐하고 상기하는 것으로 형태만 다를뿐 주체적 동인은 같다.

불교에서는 부처님의 법을 배우고 가르침을 받아지니는 모임을 '법회'라고 통칭하고 불전에 전하는 많은 제불보살과 선지식, 천하종사의 가르침과 그를 받드는 형식에따라 법회의 이름이 다르게 이름하여 왔다.

부처님께 경배하는 의식으로 불교 의식은 예불 의식, 헌공 의식(부처님에게 공양물이나 꽃을 올리는 의식), 법회 의식(불법을 듣는 모든 의식), 천도 의식(망령이 천상이나 극락에 태어나도록 기원하는 의식) 등으로 구분하고 있다. 이때 대중이 많이 모여 스님의 집전 아래 법사의 법문을 듣는 일반 법회나 수계 법회 등을 '법회'라고 하는데, 넓은 의미의 법회는 불교의 모든 의식 절차를 말한다.

즉 정기법회, 호법 발원 법회, 방생 법회, 지장 재일, 관음 재일 법회, 영가 천도 법회처럼 모든 의식이 다 넓은 의미로서의 법회이다.

1. 법회의 종류

절에서 행해지는 법회는 크게 두 가지로 정기법회와 특별법회로 구분한다.

정기법회는 일정한 날자를 정하여 매달, 또는 여중의 행사로 치루어 나가는 것인데 부처님 재세시에는 매달 초하루 보름 포살일(布薩日)이 정기법회일이있다.

불교집안에서는 4대 명절(석가탄신일, 백중절, 성도절, 열반절)를 불교의 년중 행사일로 구분하고 있다. 10재일인(齋日 : 1 정광여래, 8 약사여래, 14 현겁, 15 미타, 18 지장, 23 대세지, 24 관음, 28 로사나, 29 약왕, 30 석가)을 매달 법회일로 지정하여 실행하여 오면서 3장 6재일(1. 5. 9월의 초하루, 보름)을 지키고 있으나 근래에는 대부분의 사찰이나 선원이 요일법회를 실행하고 있다.

그리고 특별법회는 특별한 날짜를 정하여 실현하는 법회를 말한다.

수륙대제나 큰스님을 추모하는 다례제, 탑비를 제막하고 여는 제막법회, 부처님을 새로 모시는 봉안법회, 또는 연등법회, 천도법회, 법당을 새로 신축하고 부처님을 새로 모시고 여는 점안법회 행사와 같은 모임이 바로 그것이다.

부처님 당시에는 결제 해제일(解制日)이 대중적인 법회일이었고, 일반적으로 장자나 왕가의 특별 공양초대를 받는

XIII. 불자 수계의식의 순서와 절차

날, 또는 결혼식, 제삿날, 생신날 같은 때 대중공양에 초대되어 그 자리에서 법회를 거행하기도 하였다. 그리고 이때 설법한 주제와 내용이 하나의 경전으로 모아지고 엮어져 현재 전하는 팔만대장경이 되었다.

(1) 정기법회

1) 정기법회와 절기법회

출가한 스님들은 매달 보름과 그믐에 스님들이 함께 모여 계경(戒經)을 읽으며 그 동안에 지은 죄가 있으면 참회하고 선을 기르고, 악을 없이 하며, 재가신도는 3장 6재일과 10재일을 통하여 8재계(齋戒)를 지키며 선행을 닦는다.

절기법회는 절기를 따라 정기적으로 돌아오는 법회이므로 절기법회라고 했다.

4월 8일은 부처님이 이 세상에 탄생하신 날이라 탄생기념 특별법요 의식을 행하며, 여름 7월 백종법회(百種法會)는 제방총림의 하안거 해제일(解制日)이자 목련존자가 어머니를 지옥의 고통으로부터 구제하신 날이므로 백가지 음식을 마련하여 수행하는 승단을 공양하고 선망 부모와 무주고혼들을 천도하는 기념법회를 갖는다.

겨울 12월 8일은 부처님이 출가하여 6년 고행 끝에 성도하신 성도재일(成道齋日)일로 이때 기념법회를 갖고, 이른 봄, 2월 15일은 부처님의 열반재일(涅槃齋日)로 돌아가신 날을

233

추념하기 위하여 특별법회를 갖고있다.

(2) 재일법회(齋日法會)와 재법회

재(齋)는 몸과 입과 뜻 3업을 깨끗이 제어하여 악업을 짓지 않는 것을 말한다. 그러나 최근에는 사전적 의미가 변하여 법회때 신도들이 스님들 공양하는 것을 재라하고 또 부처님께 불공드리는 것도 재, 49재, 100일재라고 하여 음식을 크게 마련하고 대중공양을 곁드려 여는 법회를 모두 다 재라 부르고 있다.

재일법회는 크게 6재일 법회와 10재일 법회 두가지로 나눌 수 있다.

6재일이란 1년중 정월, 5월, 9월 1일부터 15일까지 특별선행 강조기간을 설치하고 몸과 입과 뜻을 정제하는 것을 뜻한다.

전설에 의하면, 이 달에는 제석천왕이 큰 보배거울로 남섬부주를 비추어 보고 인간의 선악을 관찰하고, 지옥의 염라대왕이 업경대(業鏡臺)를 가지고 중생의 업을 비추어 보며, 비사문천왕이 사바세계를 선행하는 달이라고도 하여 악귀의 세력이 성행하는 달이기 때문에 마음과 몸을 바로 한다는 달이기도하다.

10재일이라 함은 한 달 가운데 10일을 특별 성현일로 정하고 예배염불하여 3업을 깨끗이 한다. 지옥에는 염라국이 있고 염라국에는 10대명왕이 있는데 각각 그들이 섬기는 불.보살의

XIII. 불자 수계의식의 순서와 절차

고통을 면하게 된다는 예방법회로서 10재일을 선정하여 지켰다. 이는 권선징악의 한 방편으로 10대명왕 10대불.보살, 10대지옥을 60갑자에 조화있게 배열해 놓은 것이다.

일자별로 구분하면 아래와 같다.

1일은 정광부처님 재일이니, 도산(刀山) 지옥 진광대왕의 원불(願佛)이니 매월 초하룻날 정광불을 섬기고 부처님 이름 천번씩을 부르면 도산지옥을 면한다.

8일은 약사부처님 재일이니, 화탕 지옥 초강대왕이 원불이라.약사부처님을 섬기고 염불하면 화탕지옥을 면한다

14일은 현겁천불이니, 한빙지옥 송제대왕의 원불이니 현겁천불을 섬기고 염불하면 한빙지옥을 면한다

15일은 아미타불이니, 검수도산지옥 5관대왕의 원불이라 아미타불을 섬기고 여불하면 칼날지옥을 면한다 하였다.

18일은 지장보살이니, 발설지옥 염라대왕의 원불이라 지장보살을 섬기고 염불하면 발설지옥을 면한다.

23일은 대세지보살이니, 독사지옥 변성대왕의 원불이라 대세지보살을 섬기고 염불하면 독사지옥을 면한다 하였다.

24일은 관세음보살이니, 탑추지옥 태산대왕의 원불이라. 관음보살을 섬기고 염불하면 탑추지옥을 면한다 하였다.

28일은 노사나부처님이니, 해거지옥 평등대왕의 원불이라. 노사나부처님을 섬기고 염불하면 탑추지옥을 면하다 하였다.

29일은 약왕보살이니 철상지옥 도시대왕의 원불이라. 약왕보살을 섬기고 염불하면 철상지옥을 면한다 하였다.

30일은 석가부처님이니 흑암지옥 5도 전륜대왕의 원불이라. 석가모니 부처님을 잘 섬기고 염불하면 흑암지옥을 면한다 하였다.

(3) 기타 재법회

3장, 10재일 이외에도 재(齋)자가 들어가는 법회에는 신중재, 수륙재, 조왕재, 백일재, 영산재, 예수재, 용왕재, 49재, 산신재 등이 있다.

수륙재란 물이나 육지에 있는 외로운 귀신들과 배고파 굶주리는 아귀들게 법식(法食)을 베푸는 법회이다.

우리나라에서는 고려 광종 22년 수원 갈양사에서 혜거국사가 처음 시행하여 현재도 매우 성행하고 있다.

영산재는 수륙재가 수륙의 주인없는 귀신과 아귀들을 중심으로 재내는 재라면 영산재는 온세계 모든 성현들을 모아 공양하고 온 세계의 수도승들을 청하여 봉양하고 법문을 듣고 시방삼세 고혼들을 천도하는 재이다. 이 법회의 공덕으로 그들이 해탈을 얻게 되니 재의 범위로 보아서 거대한 성격을 띤다.

이와 비슷한 것으로 신라와 고려시대에는 백고좌법회, 5백승재, 반승법회(飯僧法會)등이 성행하였다.

XIII. 불자 수계의식의 순서와 절차

　백고좌법회는 백사람의 훌륭한 선지식을 행하여 공양하고 법문을 듣는 것이고, 5백승재는 5백명의 스님을 청하여 법문을 듣고 교화를 펴는 것이다. 그리고 반승법회는 고승 천승(賤僧)을 논하지 않고 오직 많은 스님들을 청하여 공양하고 법문을 듣는 법회이다. 이러한 법회때 반야경을 중점적으로 설하면 반야도량(般若道場), 화엄경을 주로 설하면 화엄도량(華嚴道場) 법화경을 주로 설하면 법화도량(法幻場) 하였다.

　또한, 그 법회 주불(主佛)이 석가모니 부처님이면 석가도량(釋迦道場), 약사여래를 주불로 모시면 약사도량, 미타부처님을 주불로 모시면 미타도량(彌陀道場)이라 하여 많은 법회가 시행되었다. 그리고 49재와 백일재는 사람이 죽은 지 49일내지 백일만에 지내는 재인데, 사람이 태어나서도 7. 7을 온전히 지내기가 어렵고 백일을 무사히 넘기기가 어렵다고 하였다. 그래서 죽은 사람도 영혼이 정처없이 유랑하여 생전의 죄업을 재판받을 때 이승에 있는 자손이나 친인척들이 죽은 사람을 위하여 복업을 지어주고 또 선행을 일깨워 주면 마침내 법을 깨닫고 죄를 면하고 해탈을 얻게 된다는 가르침이다.

(4) 특별법회
1) 결제와 해제법회

　절에서는 일년에 두 번 특별수련기간을 둔다. 음력 4월 15일부터 7월 15일까지를 여름 결제라 하고, 10월15일부터

1월 15일 까지를 겨울결제라 한다. 이 기간동안에는 일체 출입을 금하고 마음을 오직 수도 일념에 맺어 운동함이 없으므로 시작하는 때를 결제라 하고, 이미 결제가 풀어져 자유를 얻는 시간을 해제라 한다.

결제를 할 때는 결제에 임하는 승려들뿐 아니라 비동참 승려들까지도 한데 모여 3개월 동안 공부할 의지를 맺고 특별히 수행할 것을 다짐하는 법회를 갖는다. 이것이 결제, 해제의 법회다.

2) 점안법회와 봉안법회

불교는 스스로를 깨우쳐 성불하는 것을 최상의 목표로 가르쳤다.

부처님 이땅에 계실 때에도 우상을 섬기지 못하게 하였고, 경전상으로는 부처가 속가의 부모를 제도하기 위하여 1백일 동안 천상의 대중 설법을 위해 자리를 비웠을 때였다.

바사익왕이라는 사람이 부처님을 그리워한 나머지 다마금 이라는 금속으로 부처상을 만들어 놓고 예배한 일이있는데 이것이 최초의 부처상이었다. 부처는 훗날 그 일을 크게 꾸짖었으나 부처의 가르침을 배우는 방편으로 행한 행위라는 것을 알고 허용하게 되었는데 이것이 최초의 불상이 만들어지게 된 사유이다.

대개 탑이나 법당을 만들 때는 먼저 시작하는 기공식이 있고 끝나는 낙성식이 있어 2회의 법회를 하게 되고 불상, 불화는 한번 조성하여 모시게 되면 신앙의 대상으로써 인정을 하고 그러한 의식을 갖는 법회를 점안법회라 하였고, 이렇게 조성된 부처님과 부처님의 그림(탱화)이 일정한 장소에 옮겨져 모셔질 때는 이것을 봉안법회(奉安法會)라 한다.

3) 수계법회와 건당법회

수계법회는 부처님의 가르친 도리의 원칙을 전수하는 법회이다.

그래서 5계, 10계, 48계, 250계, 5백계 등 삼천세위의 (三千細威儀)와 팔만세행(八萬細行)이 그것인데 과거에는 보통 한 사찰단위로 행해졌으나 지금은 교구단위나 종단별로. 또는 육해공군 해병대등 부대단위로 행해지고 있다.

또 건당법회는 한 분의 불교신자가 믿음과 행을 완수하여 한 불당에 당주(堂主)가 될만한 위치가 되면 그 자에게 법주(法主)가 인증을 베푸는 의식이다. 기독교에서 장로 추대법회와 같은 단계를 말한다. 수계, 건당의식에 의하여 우리는 수많은 신도들이 결정적으로 신심을 일으키고 있어 이 법회는 어느 다른 법회보다도 엄숙하고 경건하게 실행하고 있다.

특히, 건당법회에서 건당이 된 사람은 한 가정 한 종단의 지도자로서 전 가풍을 머리에 이고 나타난 개당설법(開堂說法)

을 하게 되어 있으니 이는 가히 지도자로서 인증을 얻는 선법회(善法會)인 것이다. 역대의 가보(家譜)를 늘어놓고 그 위패 맨 말석에 앉는 이는 바로 그 회중의 어른이 되는 것이다.

4) 환영·송법회와 방생법회

환영·송법회란 새로 들어오는 사람을 환영하고 나가는 사람을 송별하는 법회다.

이러한 법회는 특히 군인, 공무원, 학교학생들에게 성행하는데 절에서는 주지의 취임식을 진산식(晉山式)이라 하여 봉행하는데 바로 환영법회의 형식이다.

그리고 방생법회는 자기의 안녕과 평화를 유지하는 방법 외에도 잡혀서 죽을 목숨들을 널리 살려주는 법회이다. 아래로는 보잘 것 없는 물고기나 잠자리나 나비와 같은 미물의 방생으로부터 위로는 인간의 방생에 이르기까지 일체의 법회가 자비방생법회에 속한다.

모든 중생을 '소생의 업으로부터 자유를 불어 넣어 준다.'는 것은 사홍서원의 맹세이며, 이 서원은 모든 불.보살의 마지막 깊고도 넓은 서원이기 때문이다.

방생이란 목숨만 살려 준다고 방생이 아니고 날 때 나서 죽을 때 죽을 수 있는 성스러운 생사관을 심고, 마침내는 그 업의 구속으로부터 영원히 벗어나 해탈열반을 증득하게 하는 것이기 때문이다.

5) 추도법회

추도법회란 돌아가신 선영, 우국열사, 애국충령들을 기리고 그들의 영혼을 천도하며 그들의 뜻을 공개적으로 기리는 행사이다.

과거에는 이러한 재를 위령재(慰靈齋)나 팔관재(八關齋)라는 이름으로 봉행하였는데 위령재는 외로운 혼령을 위로하는 재라는 말이고, 팔관재는 이런 기회를 통하여 부처님께서 가르킨 여덟가지 거룩한 윤리를 지키고 실천하여 사회를 정화할 것을 다짐한 재이다.

그리고 기념법회는 학교기념법회, 개원기념법회, 추계기념법회, 동계기념법회, 결혼(약혼) 기념법회등 개설(開說), 폐기(廢棄), 약속의 기념들을 맞이하여 특별행사를 하는 기념행사이다.

6) 수련법회와 독경법회

독경법회를 옛날에는 전경법회(轉經法會)라 하였다.

옛날 불경은 요즈음의 책처럼 제본형태가 사주단변(四周單邊)으로 되어 있는 것이 아니고 두루말이나 패엽경처럼 낱장으로 되어 있었기 때문에 그것을 펴서 읽는 것을 곧 법회로 삼았던 까닭이다. 그런데 최근에는 그것을 읽는 것으로 그치는 독송(讀誦)법회, 또 외우는 것으로 법회를 삼는 송경(誦經)법회, 또는 대회라 하고 있다.

어느 법회이고 송경(誦經) 염불(念佛) 없는 곳이 없으나 특히 그것을 본위로 하는 법회를 독경법회라 한다.

참회법회는 몸과 입과 뜻을 통하여 지은 죄를 참회하는 법회이므로 죄업을 뉘우칠 수 있는 일과 이치로서 법회를 진행하는 것을 말한다.

7) 연등법회와 천도법회

연등법회는 등불을 켜고 하는 법회로 신라시대나 고려시대에는 연등놀이 형식으로 전래되던 큰 행사이다. 주로 초파일 이전에 날을 정해 지역 단위, 종단단위로 행사를 갖다가 최근에는 지방과 서울을 구분하여 종단 연합체로 행사를 봉행하고 있다.

이때는 연등불을 밝히는 의미를 되새기고 발심수행(發心修行)과 서원을 다짐하며 등불을 들고 행진하는데 불교를 상징하는 코끼리, 연등, 부처상, 탑상, 가릉빈가상 등을 앞세우고 찬불가를 부르거나 북을 치고 춤을 추는 축제행사로 진행한다.

천도법회는 비명액사(非命縊死)한 영혼들을 구제하는 법회이다. 망자의 극락왕생을 비는 49재 천도법회나 무주고혼이나 이름도 없이 낙태된 영가를 위한 아기천도 법회가 바로 그것이다. 최근에는 아기천도 법회가 많이 봉행되고 있다.

XIII. 불자 수계의식의 순서와 절차

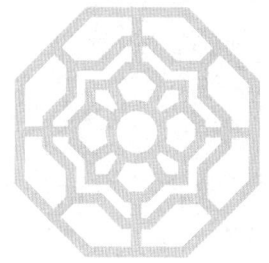

관촉사 미륵불

불교공부 마음공부

XIV
불교의 예배형식과 기도방법

XIV. 불교의 예배형식과 기도방법

1. 불교의 예배형식

　불자로서 그리고 수행자로서 이승에서의 최상의 발원은 바로 스스로 깨우쳐 '성불'하는 것이다. 그래서 불보살님 전에 성불 '총원'올리고 나와서 '가족의 안녕과 소원'을 빌며 신심을 다지는 발원이 수행의 힘이다.

　불자가 예경의 대상에게 절을 올린다는 것은 자신이 존경하는 대상을 믿고 따르며 의지하겠다는 표현이다. 다시 말하면, '귀의하며 믿고 따르겠다.'는 다짐을 발원이라고 할 수 있는데 예배에는 바로 이러한 기도자의 발원 의지가 담겨 있다. 하지만, 대중이 함께 예불하는 경우가 아니고, 홀로 법당에서 절을 올린 다음 별도의 발원을 염송하거나 소원을 말하는 경우는 많지 않다. 법당에 들어가 촛불을 켜거나 향을 피우고 절을 하고는 총총걸음으로 나오는 것이 일반적인 예배의 순서이다.

　그럼, 절을 한 다음 발원은 어떻게 해야 할까?

　불교의 예배 형식은 타 종교의 의식 절차보다도 체계적이다.

　법당에 들어가 상단의 성현을 향해 목례하고 향을 살아 올리고, 뒤로 물러나 불보살님을 찬탄하는 마음으로 오체투지를

XIV. 불교의 예배형식과 기도방법

한다. 이어 몸과 말과 뜻으로 알게 모르게 지은 잘못을 참회하고, 부처님의 공덕을 따라 기뻐하며 부처님께서 오래도록 이 세상에 머물러 진리를 설해 주실 것을 청하고, 소원을 말하며 이뤄주실 것을 기도한다.

현재 아침저녁 대웅전에 올리는 예배의식인 칠정례를 한 다음에 하는 소원은 '유원 무진삼보 대자대비 수아정례 명훈가피력 원공법계제중생 자타일시성불도'로 풀이하면 다음과 같은 서원이 담겨있다.

'오로지 발원합니다.
다함이 없는 삼보님이시여!
대자대비를 베푸시어 머리 숙여 절하는 인사를 받아주시고
그윽하게 가피의 힘을 끼쳐서 나와 남이
일심에 불도를 이루지게 하여 주옵소서.'
라는 뜻이다.

예배를 올리고 나서 삼보님께 나의 절을 받아달라고 간청하고, 삼보의 가피력에 힘입어 나뿐 아니라 일체 중생들이 한 날 한 시에 불도를 이루게 되기를 원하는 것이다.

이와 같이 어떻게 하고자 하거나 되기를 다짐하는 것을 원(願)이라고 하고, 원을 내는 것을 발원(發願)이라 한다. 불교는 발원의 종교라고 할 정도로 원이 많다. 모든 불보살님들의

공통적인 소원인 원(願)을 총원(總願)이라고 하고, 각자의 독창적인 특수한 원을 별원(別願)이라고 한다. 총원의 대표적인 것으로 의식에서 봉행하는 '사홍서원(四弘誓願)'이다.

중생을 다 건지겠나이다.
번뇌를 다 끊겠나이다.
법문을 다 배우겠나이다.
불도를 다 이루겠나이다.

이 '사홍서원'은 현재 법회를 마치며 하는 발원으로 밀교종단을 제외하고 한국불교의 의식으로 정착되었다. 이렇게 볼 때 예배를 마치고 하는 발원은 총원이라고 할 수 있다. 그리고 예불 뒤의 발원은, '중생을 다 건지겠다.'고 하는 데서 시작해 '위없는 불도를 모두 이루겠다.'는 네 가지 사홍서원을 다시 하나의 원으로 모아진다고 할 수 있을 것이다.

어느 불자나 수행자들이 부처님께 귀의하여 공양을 올리고 예배하며 자기의 간절한 소원을 비는 것은 쉬운 것 같지만 처음 시행하기는 여러 조건을 생각하고 어렵게 생각한다. 그러나 자기의 확실한 목표를 정하고 일심으로 정진한다는 각오(자세)를 가졌다면 예배의 형식에 구속받아 망설이는 경우는 없어야 할 것이다.

불교는 깨달음의 종교이다. 부처님을 믿고 따르며 자기의

XIV. 불교의 예배형식과 기도방법

서원이 이뤄지기를 빌며, 자비보시와 나눔을 실천하면서 스스로 깨쳐가는 것이 불도를 이뤄가는 방법이다.

2. 기도하는 방법

(1) 기도의 대상과 목표

기도는 모든 종교에서 기도의 대상을 정하고 일심으로 정진하는 행위를 말한다. 기도를 올리고자 할 때에는 가정이나 직장이든 기도하려는 자의 상황에 맞게 시간과 공간을 정하고 자신이 의지하여 서원할 부처님이나 보살님을 정해야 한다.

기도와 예배는 공양을 필수로 하는데 가피와 공덕을 빠르게 성취하기 위해서는 불교경전속에 나타난 가피력을 생각하여 석가모니불이나 아미타불, 야사불, 미륵불을 정해도 되지만 애매한 경우에는 스님이나 지도법사님께 문의하면 도움을 받을 수 있다. 특별히 스님을 아는 분이 없다면 '자비의 전화'나 불교상담전화인 '자비의 등불'로 문의해도 친절하게 상담을 받을 수 있다. 연세가 드신 어른들은 부처님보다는 기도의 대상을 보살님으로 정하는 분들이 많은데 지장보살, 관세음보살, 미륵보살, 문수보살등이 대표적인 가피를 받을 수 있는 보살님들이다.

특히, 조상님들을 천도하거나 업장소멸을 바라는 경우, 그리고 사업이나 생활에 어려움이 많은 경우, 경제적 어려움에 처하거나 고통이 많은 경우에는 지장기도를 하는 것이 바람직하며, 아미타불 기도는 극락왕생을 기원하는 목적이 있으며, 현재에 행복하고 내세에도 안락을 얻기위한 목적이 큰 기도로 병세가 위중하거나 연로한 어른을 모시는 집안에서 부모의 안녕을 빌 때 적합한 기도라 하겠다.

그리고 관음기도는 현생(現生)에서 깨달음을 얻고자 하는 사람이나 현실적인 삶의 만족을 추구하는 사람들에게 적당한 기도이다. 문수보살은 지혜를 상징하고, 약사보살은 건강을 지켜주시며, 신중기도는 호법신중들이 몸과 사업체를 보호해주신다.하여 선호하는 기도이다. 이외에도 나한기도나 칠성기도, 24절기에 계절에 모시는 절기 기도, 참회기도등 목적이나 사유에따라 기간을 정하고 정진하며 올리는 기도등 다양한 모습을 보이고 있다.

기도의 대상이나 목적이 정해지면 기도와 함께 기도자가 일심으로 염하고 받들 경전으로는 '금강경'이나 '반야심경', '지장경', '천수경'등 경전을 독송하는 경우 본인이 정한 경전을 매일 일과로 읽으면 되고, '다라니'기도나 '능엄신주' '광명진언'등 다라니 기도를 올리는 분도 매일 시간을 정하여 기도를 올리면 된다. 경전을 옮겨 적는 사경(寫經)을 하시는 분은 본인이 정한 경전을 매일 시간을 정하여 사경하는 것도 바람직한 밥법이다.

(2) 기도의 순서

한가지 예로, 기도를 모시려는 자가 '지장기도'를 할 때 순서는 먼저 천수경을 독송하면 좋다. 시간이 없으면 '개경게'와 '개법장진언'을 독송한 후 '지장경'독송이나 '광명진언과 츰부다라니' 진언, 혹은 '지장보살' 명호를 정근하는등 일심으로 기도을 한다.

정근할 때는 1천번, 1만번, 10만번 이렇게 횟 수를 정해 놓고 불러도 좋다. 또는 10분, 30분, 1시간 이렇게 자신의 형편에 맞추어 시간을 정해놓고 앉거나 서서 명호를 부르면서 기도를 올려도 좋다.

또다른 방법은 '지장보살'명호를 부르면서 108배, 300배, 500배, 1천배, 1만배 이렇게 절을 하면서 기도를 올리면 더 좋은데 이런 기도법을 '칭명염불'이라고도 부른다.

다른 부처님이나 보살님께 기도를 올릴 때도 위의 순서를 참조하면 된다.

그럼, 기도를 마치기 전에 어떤 서원을 말해야 할까

'소원성취발원문'을 읽거나 기도의 목적에 맞는 발원문을 골라 읽어준다.

시험을 앞둔 자녀를 위한 기도를 할 때는 '시험합격 발원문'을 읽어주고, 병원에 입원한 환자의 쾌유를 기원하려면 '병쾌유발원문'을 읽어주고, 사업번창을 기원한다면 '사업번창발원문'을 읽어주고, 극락왕생을 기원한다면 '극락왕생발원문'을 읽어준다. 이렇듯 기도하는 대상이나 목적에 따라 목적에 맞는 발원문 또는 축원문을 읽어준다.

또한, 기도를 마칠 때는 회향하는 노래인 '원이차공덕 보급어일체 아등여중생 당생극락국'을 읽어준다. 이 노래를 모를 경우 예불문 맨 뒤에 나오는 '원공법계제중생 자타일시 성불도'라고 부르면 된다.

(3) 서원 기도장소

서원을 발원하는 장소는 무엇보다 중요하다.

가능하면 선원이나 암자, 절에 가서 기도하는 것이 바람직하지만, 열린 공간에서 주변의 상황이 자신의 정진행에 방해가 된다고 생각할 때에는 기도를 할 때 장소를 가리는 일이 중요하다. 그러나 기도와 염불에 익숙해지다보면 차를 타고 가거나 비행기나 배를 탄 상태에서 경건한 마음으로 기도할 수 있는 자세가 만들어지게 된다.

그런데 기도방법으로 부처님이나 보살님을 부르는 칭명염불 기도를 선호하는 불자들은 주변 사람에게 방해가 되지 않도록 배려하는 주의도 필요하다.

(4) 기도 시간

서원(發願)기도는 처절히 간절한 마음을 담아 봉행해야 하는데 매일 시간을 정해서 기도를 올리는 것이 바람직하다.

XIV. 불교의 예배형식과 기도방법

일반적으로 절에서 새벽예불, 사시불공처럼 특정하여 불공시간을 정해놓고 불공을 드리듯이 시간을 정해놓고 하는 것이 좋지만, 현대와 같이 복잡다단한 사회에서는 그 시간을 정하고 자기 청정 순간을 준비할 수는 없는 상황이므로 아침 기상할 때나 취침 전에 하루 일을 반성하거나 준비하며, 불보살님들의 가피를 비는 기도로 시작하는 게 좋다.

이 때는 광명진언이나 해당 불보살의 명호를 부르거나 진언다라니를 독송한다. 그리고 칭명염불은 108번 독송하는 것이 좋은데 나이가 연만한 세대의 불자들은 108참회기도가 바람직한 방법이다.

3. 목탁의 의미와 상징

(1) 목탁의 탄생설화

목탁(木鐸)은 본래 목어(木魚)라고 해서 물고기의 모양으로 만들어 사용하였다. 사용하는 시기는 법회의식을 집전할 때 염불(念佛)이나 독경(讀經), 예배(禮拜)할 때에 쓰고 공양할 때나 대중을 모을 때에 신호용으로도 사용한다.

중국에서 오래전에 사용했던 목탁을 보면, 물고기 머리 모양에 꼬리를 반쯤 자른 모양으로 그 몸통의 배속을 긁어낸 모습인데 이런 모양이 세월이 지나면서 현재의 목탁모양으로 예쁘게 만들어진 것으로 보고 있다.

253

목탁의 탄생 설화는 6세기 중국에서 나타나는데, 어느 지장보살 사원에서 수행중인 승려 한 사람이 천도 재를 지내기 전에 언제나 공양음식에 먼저 손을 대고 욕심을 부렸다.

하루는 그의 스승이 이를 알고 '재를 지낼 음식에 손을 대지 말라.'는 주의를 주며 말한다. 자꾸 그러한 짓을 하다보면 '네 몸에 나무가 자랄 것이니라.'는 엄한 꾸중을 듣는다.

그는 어느 날 여름 안거를 마치고 탁발을 나갔다가 불어난 강물에 익사를 하고 만다. 그리고 커다란 잉어로 태어나 자기가 죽은 강물을 거슬러 오르내리며 살게 된다. 그런데 한 가지 그의 몸에는 언제부터인가 물가에서 자라는 맹그로브나무가 등허리에 자라기 시작했다.

강가에 사는 사람들은 잉어가 나뭇가지를 물고 다니는 것으로 알았으나 등에 자란다는 사실을 알고는 그 잉어를 보기위해 강가를 나와 살피는 사람들까지 있었다.

지장선원에 계시던 큰스님이 그 이야기를 듣고 강가로 나와 그 잉어의 동태를 살피게 되었다. 그것은 그 스스로 게으르고 욕심이 많은 비구는 몸에 나무씨앗을 품어 마침내 그 나무 때문에 죽음에 이를 것이라는 법문을 자주 해왔기 때문이었다.

큰스님이 다리 밑으로 거슬러 올라오는 잉어를 보았다.

그는 작은 명종을 흔들며 '법상아! 법상아! 법상아!' 하고 세 번을 부르셨다.

그 법명을 들은 잉어는 오르는 길을 되돌아 스님의 앞에

XIV. 불교의 예배형식과 기도방법

이르러 눈을 껌벅이며 울었다.

"스승님, 제가 전생에 큰 잘못을 저질러 이러한 과보를 받사옵니다. 이 불쌍한 제자를 위해 기도해 주십시오."

그 잉어는 물가에 나와 퍼덕이다가 그만 배를 들어내고 죽었다.

스님은 그 잉어를 건져내 나무를 잘라내고 나뭇가지를 모아 화장하고는 그 재를 물가에 묻었다. 그날 밤 꿈에 예전의 스님의 제자가 찾아와 큰스님에게 말했다.

"큰스님, 제가 스승님의 은혜로 사람으로 환생하여 다시 태어납니다. 제가 다비되어 묻힌 자리에 큰 나무가 자랄 것이오니 그 나무를 잘라 목탁을 만들어 저처럼 어리석은 수행자가 다시는 태어나지 않도록 깨우치게 하여 주십시오."

몇 년 후 큰스님이 강을 건너려다가보니 나무가 자라던 물고기를 태워 묻은 자리에 아름드리 맹그로브 나무가 자라는 것을 보고 그 나무를 잘라 목탁을 만들게 하였다. 그리고 그 나무로 만든 목탁을 인근의 사찰에 나눠주어 게으르고 욕심이 많은 수행자를 깨치게 하는 경종으로 삼게 하였다.

(2) 목탁의 사용방법

목탁은 법구(法具)중에 하나이다. 다른 법구를 다룰 때도 마찬가지이지만 목탁은 의식을 집전하는 신호를 알리는 기구로만 인식하면 좋겠다.

의식을 집전하는 법사나 스님, 또는 행사 주관자는 아래와 같이 그 기구 사용의 바른 법을 익히는 게 좋다.

① 먼저 왼손으로 목탁을 잡고 오른손으로 목탁 채를 잡는다.

② 이어서 목탁의 본체를 위로해서 갈라진 부분이 위쪽으로 향하도록 하고 손잡이 부분을 아래로 한 다음 본체에 뚫린 두 개의 구멍이 자기 몸과 밖을 향하도록 한다.

③ 이때 목탁을 든 왼손은 힘을 주어서 목탁이 흔들리지 않게 하고 목탁 채를 잡은 오른손을 가볍게 잡아야 한다. 잡는 자세로는 차려 자세, 앉았을 때는 꿇어앉는 자세에서 목탁을 잡는다.

(3) 소리로 구분한 목탁의 종류

① 일자 목탁 : 일자 목탁소리란 굵은 빗물이 똑, 똑 떨어지는 것처럼 일정한 소리로 두드리는 소리를 말한다. 일반 의식 봉행 시에 독경을 할 때 사용하는 목탁이다. 그러나 독경을 시작할 때에는 굴림 목탁을 두 번 치고 나서 계속 일자 목탁을 치며 독경을 하고 마칠 때에는 내림목탁을 치며 반배하고 끝낸다. 또 독경 중에 필요에 따라 군데군데 굴림 목탁을 섞어서 치기도 한다.

② 굴림목탁소리 : '또르륵,똑똑'이런 형태의 소리이다. 일자목탁이 목탁을 치고 신속하게 목탁 채를 후퇴시켜 소리가 한 번만 나도록 하는데 비해 굴림 목탁은 목탁 채가 목탁에 맞아

XIV. 불교의 예배형식과 기도방법

여러 번 튀어서 굴러가는 소리가 나도록 하여야 한다는 점이 틀리다.

굴림 목탁을 칠 때에는 목탁 채를 가볍게 목탁에 던져 버리고 뒤로 빼지 않는다는 생각으로 쳐야 한다. 그래서 일자 목탁을 칠 때 보다 더 힘을 빼고 쳐야 하며 목탁 채가 목탁을 때리고 나서 다섯 번 이상 튀도록 한다는 마음을 먹어야 한다고 가르치고 있다.

정근을 할 때 치는 목탁은 굴림 목탁 한 번, 일자목탁 한 번을 번갈아 가며 치면 박자와 리듬이 맞는다.

③ 내림 목탁소리 : 일자 목탁을 아주 천천히 치기 시작해서 속도가 점점 빨라지며 끝에 가서는 아주 빨라져서 굴림 목탁으로 끝나게 하는 타법을 지칭한 말이다. 특히, 염불을 마칠 때에는 일자 목탁을 치면서 반배를 하고 내림 목탁을 쳐서 반배를 하며 끝낸다.

4. 불교예불 의식경문

(1) 천수경(千手經)
① 정구업진언(淨口業眞言)
『수리수리 마하수리 수수리 사바하』(3번)
오방내외안위제신진언(五方內外安慰諸神眞言)
『나무사만다 못다남 옴 도로도로지미 사바하』(3번)

257

② 개경게(開經偈)
무상심심미묘법 無上甚深微妙法 위 없이 높고 깊은 미묘한 법
백천만겁난조우 百千萬劫難遭隅 백천만겁 지나도록 만나기 어려워라
아금문견득수지 我今聞見得修持 제가 지금 보고 듣고 수지하여
원해여래진실의 願解如來眞實義 여래의 참된 뜻을 알고자 하나이다.

③ 개법장진언(開法藏眞言)
『옴 아라남 아라다』(3번)
천수천안관자재보살 千手千眼觀自在菩薩 천 손과 천 안으로 광대하고
광대원만무애 廣大圓滿無碍 원만하여 걸림없는 대비심의
대비심대다라니 大悲心大陀羅尼 관세음보살 대비주를
계청 啓請 지심으로 부릅니다.

④ 찬관음(讚觀音)
계수관음대비주 稽首觀音大悲呪 관음보살 대비주에 몸을 바쳐 돌아가리
원력홍심상호신 願力弘深相好身 자비원력 넓고깊고 상호 또한 거룩하고
천비장엄보호지 千臂莊嚴普護持 일천 팔로 거두시어 보호하고 지키시며
천안광명변관조 千眼光明便觀照 한량없는 혜안으로 두루두루 밝게 보네
진실어중선밀어 眞實語中宣密語 진실한 말 가운데에 비밀한 뜻 있으시며

XIV. 불교의 예배형식과 기도방법

무위심내기비심 無爲心內起悲心 무위심 가운데에 자비심을 일으키어
속령만족제희구 速令滿足諸希求 중생들의 온갖 소원 지체없이 이뤄주고
영사멸제제죄업 永使滅除諸罪業 중생들의 온갖 죄업 남김없이 멸하시네
천룡중성동자호 天龍衆聖同慈護 천룡팔부 성중들이 자비로써 옹호하고
백천삼매돈훈수 百千三昧頓薰修 백천가지 선정 삼매 단박에 이뤄지어
수지신시광명당 受持身是光明幢 대비주를 닦는 몸은 광명으로 빛이나고
수지심시신통장 受持心是神通藏 대비주를 닦는마음 신통 자재 보고이네
세척진로원제해 洗滌塵勞願濟海 모든 번뇌 씻어내고 고통바다 벗어나서
초증보리방편문 超證菩提方便門 깨달음의 방편문을 증득하여 초월하고
아금칭송서귀의 我今稱誦誓歸依 제가 지금 대비주를 지송하며 귀의하니
소원종심실원만 所願從心悉圓滿 마음따라 깨달음이 원만성취 하여지다
나무대비관세음 南無大悲觀世音 자비로운 관세음께 지심으로 돌아가니
원아속지일체법 願我速知一切法 원하건데 일체법을 속히 알게 되어지다
나무대비관세음 南無大悲觀世音 자비로운 관세음께 지심으로 돌아가니
원아조득지혜안 願我早得智慧眼 원하건데 지혜의 눈 어서 빨리 얻어지다
나무대비관세음 南無大悲觀世音 자비로운 관세음께 지심으로 돌아가니
원아속도일체중 願我速度一切衆 원하건데 일체중생 속히제도 하여지다
나무대비관세음 南無大悲觀世音 자비로운 관세음께 지심으로 돌아가니
원아조득선방편 願我早得善方便 원하건데 좋은 방편 어서 빨리 얻어지다
나무대비관세음 南無大悲觀世音 자비로운 관세음께 지심으로 돌아가니
원아속승반야선 願我速乘般若船 원하건데 반야선을 속히 타게 하여지다
나무대비관세음 南無大悲觀世音 자비로운 관세음께 지심으로 돌아가니
원아조득월고해 願我早得越苦海 원하건데 고해바다 어서빨리 건네지다
나무대비관세음 南無大悲觀世音 자비로운 관세음께 지심으로 돌아가니

원아속득계정도 願我速得戒定道 원하건데 지계선정 속히 얻게 하여지다
나무대비관세음 南無大悲觀世音 자비로운 관세음께 지심으로 돌아가니
원아조등원적산 願我早登圓寂山 원하건데 원적산을 어서 빨리 올라지다
나무대비관세음 南無大悲觀世音 자비로운 관세음께 지심으로 돌아가니
원아속회무위사 願我速會無爲舍 원하건데 무위의 집 어서 속히 만나지다
나무대비관세음 南無大悲觀世音 자비로운 관세음께 지심으로 돌아가니
원아조동법성신 願我早同法性身 원하건데 법성신과 어서 빨리 같아지다

아약향도산 我若向刀山 칼산세계 내 마음이 들어가면
도산자최절 刀山自心折 한 마음에 칼산 절로 무너지고
아약향화탕 我若向火湯 화탕세계 내 마음이 들어가면
화탕자소멸 火湯自消滅 한 마음에 화탕 절로 소멸되고
아약향지옥 我若向地獄 지옥세계 내 마음이 들어가면
지옥자고갈 地獄自枯渴 한 마음에 지옥 절로 없어지고
아약향아귀 我若向我歸 아귀세계 내 마음이 들어가면
아귀자포만 我歸自飽滿 한 마음에 아귀 절로 배부르고
아약향수라 我若向修羅 수라세게 내 마음이 들어가면
악심자조복 惡心自調伏 한 마음에 악심 절로 조복받고
아약향축생 我若向蓄生 축생세계 내 마음이 들어가면
자득대지혜 自得大智慧 한 마음에 큰 지혜를 얻게되네
나무 관세음보살마하살 南無觀世音菩薩摩訶薩
나무 대세지보살마하살 南無大勢至菩薩摩訶薩
나무 천수보살마하살 南無千手菩薩摩訶薩
나무 여의륜보살마하살 南無如意輪菩薩摩訶薩

XIV. 불교의 예배형식과 기도방법

나무 대륜보살마하살 南無大輪菩薩摩訶薩
나무 관자재보살마하살 南無觀自在菩薩摩訶薩
나무 정취보살마하살 南無正趣菩薩摩訶薩
나무 만월보살마하살 南無滿月菩薩摩訶薩
나무 수월보살마하살 南無水月菩薩摩訶薩
나무 군다리보살마하살 南無軍茶利菩薩摩訶薩
나무 십일면보살마하살 南無十一面菩薩摩訶薩
나무 제대보살마하살 南無諸大菩薩摩訶薩
나무 본사아미타불(3번) 南無本師阿彌陀佛

⑤ 신묘장구대다라니(神妙章句大陀羅尼)
나모라 다나다라 야야 나막알약 바로기제 새바라야
모지사다바야 마하사다바야 마하가로 니가야 옴 살바
바예수 다라나 가라야 다사명 나막 가리다바 이맘알야
바로기제 새바라 다바 니라간타 나막하리나야 마발다
이사미 살발타 사다남 수반아예염 살바보다남 바바말아
미수다감 다냐타 옴 아로계 아로가 마지로가 지가란제
혜혜하례 마하모지 사다바 사마라 사마라 하리나야
구로구로 갈마 사다야 사다야 도로도로 미연제 마하미연제
다라다라 다린나례 새바라 자라자라 마라미마라 아마라 몰제
예혜혜 로계 새바라 라아 미사미 나사야 나베 사미사미
나사야 모하자라 미사미 나사야 호로호로 마라호로 하례
바나마 나바 사라사라 시리시리 소로소로 못쟈못쟈 모다야

모다야 매다라야 니라간타 가마사 날사남 바라 하라나야
마낙사바하 싯다야 사바하 마하싯다야 사바하 싯다유예
새바라야 사바하 니라간타야 사바하 바라하 목카싱하 목카야
사바하 바나마 하따야 사바하 자가라욕다야 사바하 상카섭나네
모다나야 사바하 마하라 구타다라야 사바하 바마사간타 니사시체다
가릿나이나야 사바하 먀가라 잘마 이바 사나야 사바하

나모라 다나다라 야야나막알야 바로기제 새바라야 사바하(3번)

⑥ 사방찬(四方讚)
일쇄동방결도량 一灑東方潔道場 첫째 동방 망상씻어 청정도량 이루었고
이쇄남방득청량 二灑南方得淸凉 둘째 남방 번뇌씻어 끊는 마음 청량하며
삼쇄서방구정토 三灑西方俱淨土 셋째 서방 탐욕씻어 극락정토 이루었고
사쇄북방영안강 四灑北方永安康 넷째 북방 악심 씻어 세세 생생 편안하리

⑦ 도량찬(道場讚)
도량청정무하예 道場淸淨無瑕穢 마음도량 청정하여 더러움이 없어지니
삼보천룡강차지 三寶天龍降此地 삼보천룡 성현들이 이 도량에 나투시고
아금지송묘진언 我今持誦妙眞言 내가 지금 대비주를 지심으로 염송하니
원사자비밀가호 願賜慈悲密加護 불보살이 도우시며 크신 자비 베푸시네

⑧ 참회게(懺悔偈)
사참회게(事懺悔偈)
아석소조제악업 我昔所造諸惡業 옛적부터 내가 지은 가지가지 모든 악업

XIV. 불교의 예배형식과 기도방법

개유무시탐진치 皆有無始貪瞋癡 뿌리 없는 탐심 진심 치심으로 말미암아
종신구의지소생 從身口意之所生 몸과 말과 뜻에 따라 이와 같이 지었기에
일체아금개참회 一切我今皆懺悔 제가 지금 일체 죄업 모두 참회 하나이다.

⑨ 참제업장십이존불(懺除業障十二尊佛)
나무참제업장보승장불 南無懺除業障寶勝藏佛
보광왕화렴조불 寶光王火簾照佛
일체향화자재력왕불 一切香華自在力王佛
백억항하사결정불 百億恒河沙決定佛
진위덕불 振威德佛
금강견강소복괴산불 金綱堅强消伏壞散佛
보광월전묘음존왕불 寶光月殿妙音尊王佛
환희장마니보적불 歡喜藏摩尼寶積佛
무진향승왕불 無盡香勝王佛
사자월불 獅子月佛
환희장엄주왕불 歡喜莊嚴珠王佛
제보당마니승광불 帝寶幢摩尼勝光佛

십악참회(十惡懺悔)
살생중죄금일참회 殺生重罪今日懺悔 생명해친 무거운 죄 오늘 지금 참회하며
투도중죄금일참회 偸盜重罪今日懺悔 도둑질한 무거운 죄 오늘 지금 참회하며

263

사음중죄금일참회 邪淫重罪今日懺悔 사음행한 무거운 죄 오늘 지금 참회하며

망어중죄금일참회 妄語重罪今日懺悔 거짓말한 무거운 죄 오늘 지금 참회하며

기어중죄금일참회 綺語重罪今日懺悔 아첨했던 무거운 죄 오늘 지금 참회하며

양설중죄금일참회 兩舌重罪今日懺悔 이간질한 무거운 죄 오늘 지금 참회하며

악구중죄금일참회 惡口重罪今日懺悔 악담했던 무거운 죄 오늘 지금 참회하며

탐애중죄금일참회 貪愛重罪今日懺悔 탐애했던 무거운 죄 오늘 지금 참회하며

진애중죄금일참회 瞋碍重罪今日懺悔 미워했던 무거운 죄 오늘 지금 참회하며

치암중죄금일참회 癡暗重罪今日懺悔 삿된 견해 무거운 죄 오늘 지금 참회하며

백겁적집죄 百劫積集罪 백겁동안 쌓인 죄도
일념돈탕진 一念頓蕩盡 한 생각에 사라지니
여화분고초 如火焚枯草 마른풀이 불에 타듯
멸진무유여 滅盡無有餘 남김없이 사라지네

이참회게(理懺悔偈)

죄무자성종심기 罪無自性從心起 죄는 본래 자성없어 마음 따라 일어난 것
심약멸시죄역망 心若滅是罪亦忘 한 마음이 사라지면 죄도 또한 없어지네

XIV. 불교의 예배형식과 기도방법

죄망심멸양구공 罪忘心滅兩俱空 죄도 심도 사라지면 이 모두가 비어지며
시즉명위진참회 是卽名爲眞懺悔 이와 같이 텅비면은 참된 참회 이뤄지네

참회진언(懺悔眞言)
『옴 살바 못자모지 사다야 사바하』(3번)

준제찬(准提讚)
준제공덕취 准提功德聚 청정한 본래 면목 무량한 공덕
적정심상송 寂靜心常誦 고요한 마음으로 항상 송하면
일체제대난 一切諸大難 이 세상 일체 재난 어떤고통도
무능침시인 無能侵是人 이와같이 사람에겐 침범 못하리
천상급인간 天上及人間 하늘이나 사람이나 모든 중생이
수복여불등 受福如佛等 부처님과 다름없는 복을 받으며
우차여의주 遇此如意珠 이와같이 여의주를 만났사오니
정획무등등 定獲無等等 위 없는 깨닮음을 얻게 되리라.
나무칠구지불모대준제보살 (3번) 南無七俱胝佛母大准提菩薩

⑩ 정법계진언(淨法界眞言)
『옴 남』(3번)
호신진언(護身眞言)
『옴 치림』(3번)

⑪ 관세음보살본심미묘육자대명왕진언
『옴 마니 반메 훔』(3번)

⑫ 준제진언(准提眞言)
나무사다남 삼먁 삼못다 구치남 다냐타
『옴 자례주례 준제 사바하 부림』(3번)

아금지송대준제 我今持誦大准提 내가 지금 대준제를 지송하면서
즉발보리광대원 卽發菩提廣大願 보리심과 넓고 큰 원 발원을 하니
원아정혜속원명 願我定慧速圓明 어서 속히 선정 지혜 뚜렷이 밝아
원아공덕개성취 願我功德皆成就 모든 공덕 남김없이 성취하여서
원아승복변장엄 願我勝福遍莊嚴 뛰어난 복 두루두루 장엄을 하여
원공중생성불도 願共衆生成佛道 모든 중생 다같이 성불하리라

⑬ 여래십대발원문(如來十大發願文)
원아영리삼악도 願我永離三惡道 바라노니 삼악도를 길이 여의고
원아속단탐진치 願我速斷貪瞋癡 탐진치 삼독심을 속히 끊으며
원아상문불법승 願我常聞佛法僧 불법승 삼보이름 항상 듣고서
원아근수계정혜 願我勤修戒定慧 계정혜 삼학도를 힘써 닦으며
원아항수제불학 願我恒修諸佛學 부처님을 따라서 항상 배우고
원아불퇴보리심 願我不退菩提心 보리심 가운데서 퇴전치 않고
원아결정생안양 願我決定生安養 반드시 안양국에 왕생하여서
원아속견아미타 願我速見阿彌陀 아미타 부처님을 친견하옵고

XIV. 불교의 예배형식과 기도방법

원아분신변진찰 願我分身遍塵刹 미진세계 국토에 몸을 나투어
원아광도제중생 願我廣度諸衆生 한량없는 모든중생 제도하리라

⑭ 발사홍서원(發四弘誓願)
중생무변서원도 衆生無遍誓願度 가없는 중생을 다 건지리라
번뇌무진서원단 煩惱無盡誓願斷 끝없는 번뇌를 다 끊으리라
법문무량서원학 法門無量誓願學 한없는 법문을 다 배우리라
불도무상서원성 佛度無上誓願成 위없는 불도를 다 이루리라
자성중생서원도 自性衆生誓願度 자성속의 중생을 반드시 건지리라
자성번뇌서원단 自性煩惱誓願斷 자성속의 번뇌를 반드시 끊으리라
자성법문서원학 自性法門誓願學 자성속의 법문을 반드시 배우리라
자성불도서원성 自性佛道誓願成 자성속의 불도를 반드시 닦으리라

원이 발원이 귀명례삼보
願已 發願已 歸命禮三寶
나무상주시방불 나무상주시방법 나무상주시방승(3번)
南無常住十方佛 南無常住十方法 南無常住十方僧

직지사 전경

불교공부 마음공부

XV

불교용어로 살펴보는 불교 상식

XV. 불교용어로 살펴보는 불교 상식

1. 삼법인(三法印)

삼법인(三法印)이란 '세 가지 변하지 않는 진리'라는 뜻이다.
제행무상(諸行無常), 제법무아(諸法無我), 일체개고(一切皆苦)를 말한다. 그리고 이 삼법인으로 부터 벗어나 모든 괴로움의 번열을 금강같이 날카로운 지혜의 힘으로 끈 상태에서 상락아정에 머뭄을 말하는 의미로 열반적정(涅槃寂靜)을 포함시켜 사법인이라고 가르치고 있다.
그 용어가 가지는 구체적 내용은 아래와 같다.

(1) 제행무상(諸行無常)

우주만유 모든 것은 변화한다.
모든 형이상학적인 것으로부터 집착을 끊게 하고 모든 존재가 영원한 것으로 착각하여 그릇된 견해를 버리게 함으로서, 새로운 가능성과 업의 원리가 되는 것임을 깨닫게 하는 가르침이다.
한마디로 '존재하는 것은 무엇이나 멸하고 사라진다.'는 뜻이다.

XV. 불교용어로 살펴보는 불교 상식

(2) 제법무아(諸法無我)

'이 세상의 모든 법은 언제나 인연에 의하여 나고 없어진다.' 는 말이다.

이 말은 '이 우주에서 모든 것이 변하지 않는 '나'라는 실체는 본래 없다는 뜻이다. 그래서 원인과 결과가 설명되었다.

'이것이 있으므로 저 것이 있고, 저 것이 있으므로 이것이 있다. 이것이 멸하면 저 것이 멸하고, 저 것이 멸하면 이것이 멸한다.'는 공론과 같다.

(3) 일체개고(一切皆苦)

시간적으로 덧없고 공간적으로 실체가 없는 일체의 존재, 그 가운데에서 놓여 있는 인간의 현실이야말로 결국 '고(苦)'라는 것이다.

인간은 상주 불변의 인식과 '나'와 '나의 것'이라는 관념에서 절대 벗어나지 못한다. 그러나 제법은 끊임없이 생멸하고 변화하여 인간의 이러한 가치적 욕망에 따라가지 못한다. 그래서 인간일체의 현실은 가치적으로 "고"라는 판단을 내릴 수밖에 없게 된다.

(4) 열반적정(涅槃寂靜)

'열반(涅槃)'이란 인도 말인 '니르바나, Nirvana'의 음역이다. 여기서 '니르'란 '입으로 불어서 끄다.' '바나'는 '불꽃을 피워내는 화로'를 뜻한다. 다시 비유하면 '화로의 불을 불어서 끄면 고요와 평화가 온다.'는 뜻이다.

2. 사성제(四聖諦)

사성제(四聖諦)란, 석가모니 부처님의 출가 이전의 관심사인 인간 현실의 고통과 괴로움의 근원인 생로병사(生老病死)에 대한 해결방안이었다. 그래서 중생들이 겪어야만 하는 그 괴로움과 고통의 원인과 해결책을 밝혀준 불교의 핵심적인 사항이다. 부처님은 이 4가지를 먼저 제시하셨다.

(1) 고(苦)
인간의 현실적 존재는 생로병사의 괴로움이다

(2) 집(集)
그 괴로움의 원인인 집착 (예, 병이 나게 된 원인)

(3) 멸(滅)
번뇌와 고통이 모두 없어진 해탈, 열반의 세계
(예, 병이 없는 상태)

XV. 불교용어로 살펴보는 불교 상식

(4) 도(道)
괴로움을 없애는 방법 (예, 중생들의 전도된 병상을 8가지 바른 길로서 없애는 방법)

3. 팔정도(八正道)

중생들이 겪는 고통과 괴로움을 떠나 열반에 이르기 위한 불교의 실천 수행으로서의 여덟 가지 바른 길을 말하는 것이다.

(1) 정견(正見)
일체 중생의 존재와 사물에 관해 바르게 관찰하고 제법의 실상을 있는 그대로 열심히 참구하라는 말이다. 굴절되거나 편협한 시각으로 보지 말고 바르게 볼 것을 요구하는 견화의 정화, 관찰의 정화를 말한다.

(2) 정사(正思)
올바른 사유의 생활을 지적한 말한다. 금심과 걱정, 불필요한 애정과 사견으로 바른 생각을 하지 못하는 우를 범하지 말라는 뜻이다. 밝은 지혜로 사성제의 이치를 바르게 생각하라는 것이다.

(3) 정어(正語)

거짓말, 허망된 말, 악한 말, 상스런 말을 하지 말고 의로운 말, 진리를 드러내는 말을 하는 언어생활의 정화를 말한다.

(4) 정업(正業)

몸과 입과 뜻으로 짓는 세 가지 업(身,薏, 三業)을 늘 정화하여 악업을 짓지 않도록 하라는 말이다.

(5) 정명(正命)

바른 생활, 즉 생활하는 방법을 말한다. 정당하고 올바른 직업으로서 생활하라는 것이다. 직업이 정당하지 않는가에 문제가 있다는 말이다.

(6) 정정진(正精進)

부처님의 가르침에 따라 선을 실천하는 생활이 이루어지도록 바르게 노력하는 것이다. 바른 생활과 수행을 게을리 하지 않고 항상 용맹스럽게 나아가는 것을 말한다.

(7) 정념(正念)

여기서 '념'은 전념 불망의 뜻으로서 부질없는 욕망과 사념을 버리고 항상 바른 마음, 바른 기억으로서 거룩한 법을 실천수행해 나가라는 말이다.

XV. 불교용어로 살펴보는 불교 상식

(8) 정정(正定)

산란한 정신적인 모든 것을 여읜 몸과 마음의 바른 안정을 말한다. 곧 신심의 일체화로서 몸과 마음이 항상 고요한 일체성의 상태에 있게 하라는 말이다.

4. 사섭법(四攝法)

사섭법(四攝法)이란, 중생을 미혹에서 깨달음의 길로 교화하기 위한 네 가지 실천덕목을 말하는 것이다.

(1) 보시(布施)섭
이는 바른 업력(사업)으로 베푸는 것을 말한다.

(2) 애어(愛語)섭
진실하고 사랑스런 말로 상대를 대하여 그로 하여금 평안한 마음을 갖게 하는 것을 말한다.

(3) 이행(利行)섭
사람이나 짐승, 살아있는 모든 생물인 중생에게 이익이 되는 행동을 하는 것을 말한다.

(4) 동사(同事)섭

모든 중생들을 바른 길로 제도하기 위해 함께 일하며 고통도 함께 나누는 대승보살행을 일컫는다.

다시 말해 이타행(利他行)을 말한다.

5. 바라밀(波羅密, Paramita)

바라밀(波羅密) 이란 한자로는 도피안(到彼岸), 즉 피안(열반)에 이른 상태로 원만성취에 이르러 완전 해탈을 이룬다는 뜻이다. 그리고 육바라밀(六波羅密)이란 삼보에 귀의하여 수행하는 수행자나 재가 신도들이 원만한 수행으로 완전한 열반에 이르는 6가지 방편을 이야기 한 것이다. 불자들이 생사의 고해를 건너 사바세계의 가장 이상향인 열반의 세계에 이르는 실천 수행덕목인 육바라밀(六波羅蜜)은 보시(布施)·지계(持戒)·인욕(忍辱)·정진(精進)·선정(禪定)·반야(般若)라고 하는 여섯 가지 완성을 위한 실천덕목으로 구성되어 있다.

(1) 보시(布施)

바른 선업으로 좋아하는 재물이나 법을 필요한 이웃에게 보시하여 기쁨을 주는 것을 말한다.

(2) 지계(持戒)

청정한 마음과 실천으로 계율을 지켜 육도윤회의 근원을 끊는 바탕을 만들라는 말이다.

(3) 인욕(忍辱)

참고 견디어서 어떠한 상황에 놓이든 욕됨을 참아 지계의 성숙을 이루라는 말이다.

(4) 정진(精進)

목표와 이상을 가지고 부지런히 노력하라는 말이다.

(5) 선정(禪定)

마음을 바르고 평안하게 가져 평상심을 갖으라는 말이다.

(6) 지혜(智慧)

삿된 마음에서 벗어나 모든 존재의 실체를 여실히 깨달아 자신의 본성을 보는 눈을 가지라는 말이다.

대승불교에서는 보살의 수행법으로 팔정도와 더불어 육바라밀이라는 대승보살의 원만덕상의 수행법을 가르치고 있다. 그 구체적인 사항은 아래와 같다.

(1) 보시바라밀

재시(財施), 법시(法施), 무외시(無畏施)의 세 종류로 나눈다. 재시(財施)는 자비심을 내서 다른 이에게 조건 없이 돈이나 물건을 주는 것이고, 법시(法施)는 다른 사람에게 부처님의 법을 말하여 선근(善根)을 자라게 하는 것이며, 무외시(無畏施)는 스스로 계를 지켜 남을 침해하지 않고 다른 이의 두려운 마음을 없애 주는 것이다. 그리고 무주상보시(無住相布施)라는 말은 자신이 베풀 고도 상을 나타내지 않는 것을 말한다.

(2) 지계바라밀

해탈을 방해하는 윤회의 업종자를 끊기 위해 일체의 행위를 삼가하기 위하여 설정해 놓은 법규를 지키고 범하지 않는 것에서 출발하여 갖가지 선을 실천하는 것이다. 그리고 모든 중생을 이롭게 하는 행위까지를 말한다.

(3) 인욕바라밀

지계바리밀의 실 수행 덕목이다. 온갖 모욕과 번뇌를 참고 어려움을 극복하는 것으로 일상생활에서 가장 견디기 어려운 일인 성나고 언짢은 마음을 참고 견디어 승리하는 것을 지칭한 말이다.

XV. 불교용어로 살펴보는 불교 상식

(4) 정진바라밀

청정한 마음으로 자기 목표와 이상을 향해 실천하는 자세를 지칭한 말이다. 정(精)은 순일무잡(純一無雜)을 의미하고 진(進)은 용맹정진을 말한다.

(5) 선정바라밀

수행인이 반야의 지혜를 얻고 성불하기 위하여 마음을 닦는 것을 말한다. 선정은 마음을 고요하게 하는 공부로서 망념과 사념과 허영심과 분별심을 버리게 한다.

(6) 반야바라밀

지혜라고 말한다. 모든 사물이나 이치를 밝게 꿰뚫어 보는 깊은 슬기를 말한다. 반야바라밀은 모든 부처님의 어머니라 하며 다른 다섯 바라밀을 형성하는 바탕이 된다. 이상의 육바라밀을 통해 보살은 무량한 세월 동안 수행함으로써 대각을 성취하게 된다고 하였다.

가타, '**십바라밀**'이란 : 육바라밀에 ⑦실천수행을 위한 여러 가지 방법을 마하는 방편(方便) ⑧자기의 기원과 바램을 세우는 희망을 나타내는 원(願), ⑨자기의 능력과 힘을 뜻하는 역(力), ⑩그리고 이를 실천해가는 슬기를 지칭한 지(智)를 더하여 십바라밀이라 하였다.

6. 팔상록(八相錄)이란

팔상록(八相錄)은 부처님의 생애를 크게 8가지로 나누어 기록한 내용을 일컫는 말이다.

(1) 도솔래의상

부처님이 이 세상에 태어나기 전에 머물던 하늘세상인 도솔천 내원궁을 묘사한 것으로 천상의 세상을 말한다. 흔히 여섯 개의 상아를 가진 하얀코끼리를 탄 동자상으로 그려지고 있다.

(2) 비람강생상

룸비니동산의 무우수 나무 아래에서 어머니 마야부인에 의해 카필라궁의 태자로 태어나심을 표현한 내용을 말한다. 어머니 마야부인은 무수 나무 가지를 든 모습이고 세자는 우뚝 선 아기의 모습으로 오른쪽을 치켜든모습으로 형상화되어 있다.

(3) 사문유관상

카필라궁의 왕세자로 있을 때 동서남북 네 성문을 났다가 만나는 인간세계의 생로병사를 지켜보는 내용을 묘사한 것으로, 방위별로 구분하면 東에서(늙음), 南에서(병듦), 西에서(죽음),

XV. 불교용어로 살펴보는 불교 상식

北에서는(수행자)를 보고 출가의 결심을 하는 내용이다.

(4) 유성출가상

세자손 라훌라의 생일축제가 이어지던 날 태자의 나이 29세 2월 8일(음력)에 성 밖으로 나와 스스로 머리를 깎고 수행자가 되는 내용을 묘사하고 있다. 선을 넘는 장면이나 강가에서 머리를 자르는 모습으로 그려져있다.

(5) 설산수도상

깨달음을 위해서 6년간 설산(히말라야 산-전정각산)에서 수도고행 하는 내용을 묘사한 것이다.

(6) 수하항마상

35세 되던 해 12월 8일(음) 보리수 아래서 모든 번뇌, 즉 마왕파순 (갖가지 욕망, 애착 등)의 항복을 받고 결국 성도(成道)하는 모습을 묘사한 것이다.

(7) 녹야원전법상

석가족의 다섯 친구들을 위해 사슴동산에서 첫 가르침을 베푸는 장면을 묘사한 내용인데, 부처님이 맨 처음으로 법의 수레를 굴렸다고 해서

초전법륜이라고 표현한다.

(8) 쌍림열반상

자등명(自燈明) 법등명(法燈明)이라는 마지막 가르침과 함께 석가모니 부처님이 말나유족의 쿠시나가라의 사라쌍수 아래에서 열반에 드심 (음력 2월 15일)을 묘사한 것이다. 공중에서 꽃비가 내리고 많은 제자들이 슬픔에 잠겨있는 모습으로 그려져 있다.

7. 삼독(三毒)과 삼계(三界) 삼학(三學)이란

(1) 삼독(三毒)

이 말은 수행하는 자가 성불에 장애가 되는 세 가지 무서운 독으로서 윤회의 근본이 되는 원인을 지칭한 말이다. 즉, 1) 탐(貪: 탐욕), 2) 진(瞋: 성냄), 3) 치(痴: 어리석음)를 말한다.

(2) 삼계(三界)

이 말은 수행과정에서 겪는 3가지의 세상을 구분한 것이다. 1) 욕계(欲界) : 온갖 욕망으로 가득찬 세계 ('탐진치'가 넘침) 현재 우리가 살고 있는 이 사바세계를 지칭한다. 2)색계(色界) : 정신적인 욕망은 끊었으나 객체인 몸뚱이 육체가 남아있는 세계 ('진치'가 있음) 3)무색계(無色界) : 육체를 가지지 않고 정신적

XV. 불교용어로 살펴보는 불교 상식

요소만 존재하는 세계 ('치'가 있음)를 말한다.

(3) 삼학(三學)

삼학이란, 성불하고자 하는 수행자가 닦아야 할 세 가지 근본 수행법을 말하는 것이다.

1) 계(戒: 계율) : 계는 살생이나 도둑질, 음행의 삼계가 윤회의 근본 씨앗이 되어 해탈을 방해하므로 근절할 수 있는 방법을 닦는 것이며, 율은 사부대중이 수행을 잘하기 위한 서로 간의 질서를 뜻한다.

2) 정(定: 선정) : 선정은 적정 적멸을 뜻한다.

3) 혜(慧: 지혜) : 지혜는 일체의 맑고 깨끗한 청정한 생각을 뜻한다.

8. 사대(四大)와 시방세계, 삼업(三業), 삼시업이란, 십업이란?

(1) 사대 (四大)

사대라는 말은 우주만유에서 가장 기본이 되는 요소로 부처님은 4가지로 구분하였다. 먼저 땅과 모든 생물이 생명의 근간으로 하는 물, 그리고 불과 바람 그래서 지(地), 수(水), 화(火), 풍(風) 이 네 가지를 사대라고 한다.

(2) 시방(十方)세계

이는 10개의 방위를 뜻하는 말이다.

1) 동, 2) 서, 3) 남, 4) 북, 네 개 방위와 5) 동남, 6) 동북, 7) 서남, 8) 서북, 그리고 하늘과 땅을 상징하는 9) 상과 10) 하를 시방(10방)이라 한다.

(3) 삼업 (三業)

수행자나 일반 재가 신도들이 지을 수 있는 죄의 유형을 구분한 것으로 자신의 업장을 다스리라는 가르침과 함께 자주 불교에서 자주 언급하는 말이다. 이 세 가지를 가리켜 불가에서는 '신구삼업'으로 지칭한다.

1) 신업(身業) : 몸으로 짓는 죄로 동물을 학대하는 일이나 간음하는 일, 남을 때리거나 손과 발을 이용해 상대를 괴롭히는 일

2) 구업(口業) : 입으로 짓는 죄로 상스런 욕을 하거나 험담, 거짓말이나 모함하는 모든 사항을 포함한다.

3) 의업(意業) : 마음과 생각만으로(뜻) 짓는 죄를 말한다. 저사람을 죽였으면 좋겠다든지, 나보다 예쁘니 할퀴어서 상처를 냈으면 좋겠다든지, 친구가 땅을 사서 배가 아프다는 것도 죄가 된다는 말이다.

(4) 삼시업(三時業)

이 용어는 업에 의한 원인으로 가져오는 시기와 결과를 지칭하는 용어이다.

1) 순현업(順現業) : 지금 우리가 살고 있는 현생에서 지은 업의 과보를 현생에서 받는 업을 말한다.

2) 순생업(順生業) : 현생에서 지은 업의 과보를 다음 생에서 받는 업을 지칭한 말이다.

3) 순후업(順後業) : 현생에서 지은 업의 과보를 차후 생에서 받는 업으로 미래세상에서 받을 크고 무거운 죄를 지칭한다.

(5) 십업(十業)

우리가 사는 현세에서 인간들이 지을 수 있는 죄의 양상을 10가지로 구분한 말이다.

1) 살생(殺生), 2) 투도(偸盜:도둑질), 3) 사음(邪淫·삿된 음행), 4) 망어(거짓말), 5) 양설(이간질 하는 말), 6) 악구(욕설), 7) 기어(발림말), 8) 탐 9) 진(瞋) 10) 치(痴)가 그것이다.

9. 오계(五戒)와 육도(六道)

(1) 오계(五戒)

수계한 재가자가 지켜야할 5가지 계율 (윤회의 종자를 끊기 위한 수행)이다.

1) 불살생(不殺生) : 살아있는 생명을 죽이지 말라
2) 불투도(不偸盜) : 내 것이 아닌 남의 물건을 훔치지 말라.
3) 불사음(不邪狀) : 삿된 음행을 하지 말라.
4) 불망어(不妄語) : 거짓말을 하지 말라.
5) 불음주(不飮酒) : 술을 마시지 말라.

(2) 육도(六道)

중생이 머무는 6가지 세계로 3개의 나쁜 세상과 정반대의 아름다운 세상 3가지로 대별하였다. 바로 1)지옥세계, 2)아귀세계 3)짐승들의 세상인 축생계 세상을 삼악도(三惡道)라 하였고, 4)수라, 5)인간계 6)하늘 세상인 천도를 삼선도(三善道)라고 하여 이 여섯 세상을 돌고 돌며 나고 멸하는 과정을 '육도윤회'라고 하였다.

10. 사생(四生)과 사유(四有)

(1) 사생 (四生)

이 말은 이 세상에서 나는 의학적인 형상을 모양과 형태를 구분하여 말한 것이다. 즉, 1) 태(胎)로 형성되어 어머니의 몸으로부터 태어나는 인간이나 짐승 같은 무리를 통털어 지칭하고, 2)닭이나 뱀, 물고기처럼 알로 태어나 밖에서 부화하여 생명을 갖는 난(卵)생, 그리고 물과 썩은 거름을

XV. 불교용어로 살펴보는 불교 상식

자양으로 하여 자라는 식물 같은 것을 지칭하는 3)습(濕)생, 그리고 업에 의해서 태어나는 4)화(化)생이 그것이다.

이 중에 화생(化生)은 중생계중에서도 아래 계단에 해당하는 하층의 삶을 말한다.

(2) 사유 (四有)

사유란 불교에서 윤회의 네 가지 과정을 지칭한 말이다.

1) 사유(死有) : 죽는 순간
2) 중유(中有) : 죽어서 다음 생을 받기까지의 기간을 말한다.
3) 생유(生有) : 어머니의 몸에서 태어나는 순간을 말한다.
4) 본유(本有) : 태어나서 죽음에 이를 때까지 생애를 누리는 기간을 말하는 용어이다.

11. 육법공양

이 용어는 부처님 오신 날이나 종정이나 총무원장 이취임식, 또는 대규모 불사를 위한 의식으로 진행할 때 의식으로 전해지는 공양의식 중에 하나이다

먼저 ① 향(해탈향)을 올림은 지계를 뜻하며 ② (반야등)을 올림은 지혜를 상징하며 ③ 차(감로다)를 오리는 것은 보시를, ④ 꽃(만행화)을 올림은 인욕을, ⑤ 과일(보리과)을 올림은 선정을 ⑥ 쌀(선열미)을 올림은 정진을 상징하는 것으로 재가

불자나 제자들의 마음다짐을 맹세하는 의미도 담겨있다.

12. 불교교단의 구성원

① 비구(比丘) : 출가한 성년의 남자스님을 지칭하는 말로 250계의 구족계 지켜야 한다.

② 비구니(比丘尼):출가한 성년의 여자스님을 지칭하는 용어이며, 348계의 구족계 수지한다.

③ 사미(沙彌): 출가하여 구족계를 받지 않은 20세 미만의 남자로 10계를 지닌다.

④ 사미니(沙彌尼):출가하여 구족계를 받지 않은 18세 미만의 여자로 10계를 지닌다.

⑤ 식차마나:18세~20세 사이의 여성출가자(정학녀)로 6법계를 지닌 수행자를 말한다.

⑥ 우바새(優婆塞):재가의 남자신자를 일컫는 말로, 청신사로도 부르며 인도에서는 '우파사카'로 부른다.

⑦ 우바이(優婆夷): 재가의 여자신자를 말하는 말로(청신녀) 인도에서는 '우피시카'로 부른다.

불교에서는 위에 설명한 비구와 비구니, 우바이, 우바새를 합친 모두를 '사부대중'으로 부른다.

XV. 불교용어로 살펴보는 불교 상식

13. 오욕칠정 (五慾七情)

사람이 가지고 있는 다섯가지 욕심을 말한다.

① 생존을 위한 기본적인 욕구인 식욕(食慾) : 먹고싶은 욕심

② 특정한 물건을 보면 가지고 싶어하는 물욕(物慾) : 가지고 싶은 욕심

③ 평안한 잠자리를 보거나 집을 보면 앉거나 누워 잠자고 싶은 수면욕(睡眠慾) : 잠자고 싶은 욕심

④ 특정한 지위나 높은 벼슬자리에 오르고 싶어하는 감투욕 즉 명예욕(名譽慾) : 유명해지고 싶은 욕심

⑤ 아름답고 개성이 뚜렷한 이성을 보면 가까이 하고 싶거나 유혹하여 내 사람으로 만들고 싶어하는 색욕 (色慾) : 이성에 대한 욕심을 오욕이라 한다.

그리고 칠정(七情)이라 함은 인간이 가지고 있는 일곱가지 감정을 지칭한 말이다. 즉, 희(喜), 노(怒), 락(樂), 애(愛), 애(哀), 오(惡), 욕(慾)이 그것이다.

14. 삼재(三災)의 원인과 방편

삼재(三災)란, 우리 인간이 살아가면서 겪게되는 3가지 재앙을 지칭한 용어이다. 본래 불교에서 나온 것은 용어는 아니고 탐진치 삼독을 없애 과도한 욕심을 경계시키는 방편으로

부적이나 보시행을 권선하던 일이 고착화되어 일종의 자기 방편 행사가 된 것으로 보고있다.

예로부터 물과 바람, 불이 원인이 되어 가족이 피해를 보거나 개인적으로 재산상 손해를 보는 일은 많았다. 최근에는 교통사고나 타의에 의한 사고가 점증하고 있지만, 과거에는 자연재해가 거스를 수 없는 재앙의 원인이었다.

명리학을 전공하는 사람이나 교단에서는 모든 번뇌와 불화는 내 마음 속에서 싹트고 소멸하는 것이므로 마음을 어떻게 가지는가에 따라 삼재를 불러들이기도 하고 막기도 하는 것으로 보았다. 그래서 그 원인이 마음안에 있으니 마음을 잘 다스리라고 가르쳤다.

'수재(水災)는 욕심이요. 탐심이 수재이다.'

명리학에서 수(水)를 재물로 보는 것도 바로 이 같은 뜻이 있기 때문이다. 그래서 물로 인한 재앙이란 욕심이 많은 마음에서 생기는 재앙이니 수재에서 벗어나려면 과욕을 금하라 하였다. 그리고 화재(火災)는 화를 내는 마음, 즉 진심(嗔心)이다. 불같이 타오르는 마음이란 뜻이다. 성내는 것은 마음에 불이 나는 것과 같은 뜻이니 화를 내지 않으면 재앙을 면하게 된다는 것이다.

풍재(風災)는 어리석은 마음, 즉 치심(癡心)이다.

어리석음에서 모든 재앙을 불러들이므로 부처님의 지혜를 실천함으로서 그 어리석의 재앙을 물리칠 수 있다. 그러므로 일상에서 오는 삼재를 막으려면 탐(貪), 진(嗔), 치(痴) 삼독을 없애므로서 진정한 삼재풀이가 되는 것이다. 그러나 다가올 미래시간에 대한 막연한 불안감이나 불확실한 세계에 지나치게 집착하다보면 오히려 그 두려움이 또다른 불안을 만들기도 하기 때문에 자성을 찾으라는 지도를 많이 하게 된다.

15. 반야용선(般若龍船)과 악착보살

반야용선은 죽은 이의 영혼을 극락으로 데려가는 유일한 운송수단으로 우리나라 전통사찰이나 새로짓는 모든 사찰에서 닻집위에 그려진 반야용선에 닻줄을 잡은 작은 인형으로 형상화 되어있다.

닻집에 형상화되어있는 그림을 보면, 오번을 세운 반야용선에 바로자나불이 뱃머리에 서고, 지장보살과 관음보살은 배의 뒤전에서 망자를 호위하고 있는 모습이다.

경전속에는 악착보찰의 설명이 없지만, 비로자나불을 주불로 모신 운문사의 천정 닻집에도 반야용선에 매달려있는 악착보살을 보면 극락으로 가기위한 처절한 우리 중생들의 몸부림을 느끼게 한다.

불교의 사생관을 공부할 때 사람이 죽으면 아미타불의

협시불인 관세음보살이 죽은 이의 영혼을 맞이하러 오고, 죽은이가 타고갈 반야용선이 망자가 누워있는 하늘위에 멈춰서게 되는데 이 용선에 오르지 못하면 영혼은 구천을 헤메게 된다고 하였다.

'관음경 영험설화집'에 나타나 있는 악착보살의 설화내용을 살펴보면, '어느 장자의 부인이 신앙심이 돈독하고 성불} 하겠다는 서원을 세우고 정진을 하다가 죽을 때가 되었는데 가족들과 이별이 늦어져 그만 출발하는 반야용선의 닻줄(외줄)을 가까스로 잡고서 타고 갔다.'는 것이다.

이 악착보살의 설화는 언제 어디서나 서원을 세워 악착스럽게 정진하면 이처럼 극락세상에도 갈 수 있다는 예를 설명해주고 있다.

16. 동안거와 하안거의 유래

안거(安居)라 함은 일정 기간 수행자들이 산문(山門)을 닫고 수행에 전념하는 것을 말한다. 불교에서는 석가모니 부처님이 계시던 시절부터 우기철인 한여름에 봉행하였는데, 우리나라에서는 음력일을 기준으로 10월 15일부터 정월보름까지와 4월15일부터 7월 15일 백중날까지 일 년에 두 차례 동안거와 하안거를 실시한다.

출가 수행자들은 어느 한 곳에 머무는 일없이 유행하면서

XV. 불교용어로 살펴보는 불교 상식

생활하는 것이 원칙이었지만, 인도에서는 무더운 여름이 지나고 우기가 되면 땅 속의 작은 벌레들이 기어 나오기 때문에 길을 걸어 다니다보면 그것들을 밟아 죽일 염려가 있고 강물이 범람하여 많은 수행승들이 물에 휩쓸려가는 일이 많았다.

그래서 부처님께서 제자들의 제안을 받아들여 우기의 3개월간은 유행을 중지하도록 설하신 것이 안거의 시작이었다.

승가에서는 이 기간 동안은 일정한 장소에 모여 공부와 수행에만 전념하며, 특히 안거의 마지막 날에는 자자(自恣)라는 독특한 참회의식을 거행하는 것이 승가의 전통이 되었다.

그런데, 이러한 안거의 풍습은 그 후 부유한 재가신자나 왕족들이 건물이나 토지 등을 교단에 희사함으로서 스님들이 한 곳에 정착해서 생활하는 사원이 출현하는 계기가 되기도 했는데, 이때부터 스님들이 주기적으로 모여서 계율이나 승단의 제도 등을 정비하는 기회가 되기도 하였다.

우리나라에서는 기후조건에 따라 여름 석 달과 겨울 석 달 동안을 안거 기간으로 삼게 되었고, 이 같은 안거를 시작하는 것을 결제(結制)라고 하고, 끝내는 것을 해제(解制)라고 하였다. 그리고 이 안거를 성만한 스님들을 두고 襠안거를 성만하셨다.'고 수행 이력을 가리곤 하였다.

17. 부처님의 삼종가피

가피(加被)라는 말은 부처님이나 여러 불보살과 조사님, 천하 종사님이 자비를 베풀어서 모든 중생을 이롭게 하는 힘을 말한다. 다시 말하면 기도나 원력을 이루도록 도와주는 부처님의 위신력을 말하는 것이다.

가피는 가비(加備), 가우(加祐), 가위(加威)라고도 부르는데, 사전적 의미는 불보살에게 위신력을 받는 것, 또는 불보살이 중생에게 불가사의한 힘을 부여해서 이익을 주는 것이다. 비슷한 의미로 쓰이는 불교용어 중에는 가지(加持)라는 것이 있고 밀교 교단에서는 정진기도를 '가지기도'로 부르기도 한다.

이것은 부처님의 대자대비한 힘이 중생에게 미쳐서 개인별로 일체의 서원한 일이 뜻대로 이뤄지는 것을 뜻한다.

이 세 가지의 가피를 어우르는 말로 삼종가피(三種加被)라 한다.

부처님의 가피로는 ① 몽중(夢中)가피 ② 현전(現前)가피 ③ 명훈(冥勳)가피가 있는데 일반적으로는 중생에 대한 가호(加護)의 의미로 사용되고 있다.

① 몽중(夢中)가피
'몽중가피'는 꿈속에서 부처님이나 종사님이나 스승을 만나 그 위신력에 힘입어 기도성취를 하는 경우다.

② 현전(現前)가피

'현전가피'는 불보살님이 바로 내가 서있는 현장 눈앞에 나타나서 구제를 해주시는 경우다.

저 유명한 조선조 세조대왕이 고름이 줄줄 흐르는 등창병을 고치기 위해 오대산 상원사 적멸보궁에서 기도를 하던 중 문수동자를 만나서 계곡에서 목욕을 한 후 마침내 등창의 병을 치료한 이야기는 바로 현전가피에 해당하는 사례이다.

③ 명훈(冥勳)가피

'명훈가피'란 꿈속에도 나타나지 않고 눈앞에도 나타나지 않으면서도 그저 생각만 하면 그대로 다 이루어지는 가피로 세 가지의 가피 중에서 가장 뛰어난 것에 해당한다.

수행이 뛰어난 스님이나 법사가 이런 가피를 받아 크고 작은 불사를 이룬 일이 많다. 내소사의 중창불사 설화나 대웅전 벽화(탱화)를 파랑새로 몸을 바꾼 관음보살이 그렸다는 설화도 이에 해당한다.

18. 4염주, 4염처(四念處)와 7각지란?

이 말은 '잡아함경'권24권에 나오는 말씀이다.
먼저 4염주(念住)라 함은 4의지(意止)라고도 하는데, 네 가지 알아차리기를 말한다. 즉, 몸(身)·느낌(受)·마음(心)

·현상(法)을 있는 그대로 관찰해서 알아차리기를 확립한다는 뜻이다. 그리고 4염처(四念處)란, 깨달음을 성취하기 위해 수행자가 마음과 몸, 느낌, 현상에 대해 알아차릴 수 있는 지혜를 갖는 것을 말한다.

부처님은 4염처를 설명하시면서 '모든 중생들을 청정하게 하고 근심과 탄식을 건너게 하며, 육체적인 괴로움이나 정신적인 괴로움까지 사라지게 하는 것이 열반을 구체적으로 실현하게 하는 길이라.'고 하셨다.

그래서 4염처는 몸·마음·느낌·현상에서 일어나고 사라지는 생멸을 수행자가 끊임없이 알아차림으로써, '지금 이 순간'에 집중하여 또 다른 관념이 일어나지 않게 하고, 탐·진·치가 마음속에 침투하지 못하게 하는 자기 관리의 정진 행을 이른 것이다. 이런 자기 관찰을 통해 자신의 몸과 마음에서 일어나고 사라지는 모든 현상을 매 순간 하나도 빠뜨림 없이 알아차려서 그것이 모두 무상·고·무아라고 이해하게 되면, 몸과 마음에 대한 집착이 멀어지고 그것들의 속박에서 점차 벗어나게 된다는 것이다.

그리하여 4염처는 들숨과 날숨을 알아차리는 수행을 집중적으로 거듭함으로써 성취되고, 4염처를 거듭 수행함으로써 7각지(覺支)를 성취하게 된다는 설명이다.

'雜阿含經 제24권 제34경' 7각지 즉, 일곱 가지 깨달음의 요소는 수행자가 들숨과 날숨을 알아차리는 수행을 거듭함

XV. 불교용어로 살펴보는 불교 상식

으로써 4염처가 성취되고, 4염처를 거듭 수행함으로써 성취되는 '일곱 가지 깨달음의 요소'가 7각지라는 말씀이다.

그럼, 그 7각지의 내용과 구분은 어떻게 하고 이해해야 할까?

① 염각지(念覺支) : 수행자 스스로가 '알아차리기'라는 깨달음의 요소.
② 택법각지(擇法覺支) : 안팎의 현상들을 선별하는 깨달음의 요소.
③ 정진각지(精進覺支) : 정진이라는 깨달음의 요소.
④ 희각지(喜覺支) : 기쁨이라는 깨달음의 요소.
⑤ 경안각지(輕安覺支) : 편안함이라는 깨달음의 요소.
⑥ 정각지(定覺支) : 집중이라는 깨달음의 요소.
⑦ 사각지(捨覺支) : 평온이라는 깨달음의 요소.

부처님은 수행자의 성불행을 설명하시면서 '출입식념경(入出息念經)'에 말씀처럼 이렇게 강조하셨다.

"여래 ·무소착(無所著) ·등정각은 5개(蓋)와 마음의 더러움과 약한 지혜를 끊고 마음을 다잡아 4염처에 바르게 머물고, 7각지를 닦아 위없는 바른 깨달음을 얻었느니라."고 하셨다.

19. 달마대사(達磨大師)와 포대화상

달마대사(達磨大師)와 포대화상(布袋和尙)은 불자가 아니더라도 언론매체를 통해서 영화나 에니메이션 만화로도 일반 대중에게 널리 알려진 불교의 인물이기도 하다. 이 두 분은 우리나라 고승은 아니고, 그 기이한 행적과 기이한 행동을 통해 민간에 알려진 분이다.

1) 달마대사

달마는 남인도 향지국의 세 왕자 중에 막내로 태어났는데 성을 세테이리(刹帝利)라고 했고, 속가의 이름은 '보리다라'라고 하였다.

어느 날, 향지국의 국왕은 석가모니 부처님의 27대 제자이며 고승인 '반야다라'가 그의 나라에서 전법포교를 하는 것을 알고 진귀한 보석을 공양하고 왕궁으로 초청하여 법문을 들으려 하였다. 그리고 그를 왕사로 임명하고 세 아들을 인사시켰다.

고승 반야다라는 세 왕자의 인품을 시험해보고자 부왕이 공양한 보석을 보이며 '이 세상에 가장 존귀한 보물이 무엇인가?'하고 물었다. 그러자 셋째인 보리다라는 이렇게 말했다.

"스승님, 이런 귀한 보석은 가지고 있는 사람만을 기쁘게 하지요. 세상 제1의 보물이라면 부처님의 가르침이요. 사람이 지닌 뛰어난 능력은 마음속의 지혜가 제일입니다."

반야다라는 그가 큰 그릇임을 알고 칭찬을 하였다. 얼마 후, 국왕이 승하하자 보리다라는 반야다라를 따라 출가하여 불법을 배우고 이름을 '보리달마'라 하였다.

XV. 불교용어로 살펴보는 불교 상식

그의 스승 반야다라가 열반에 들며 '내가 죽은 후 동방의 중국으로 가서 부처님의 법을 전하라.'는 유지를 전한다.

"달마야, 너는 남쪽에 연연하지 말고 북쪽으로 가서 나의 법을 전하여라."

달마는 그의 제자 '불타야사'를 먼저 보내 상황을 알아보게 하였으나 스승의 가르침과는 많이 다른 것을 알고 낙심하다가 그 곳에서 병이 들어 죽는다. 이에 달마는 제자의 죽음을 안타까워하며 중국에 들어가려고 하였다. 그런데 포구의 입구에 죽은 대형 물고기가 항구를 막고 있어 배를 타고 건널 수가 없었다. 그래서 선정에 들어 신이한 힘으로 그 물고기의 시체를 먼 바다로 옮겨놓고 떠나게 되었는데, 그 나라의 오통선인이라는 도인이 달마의 빛나는 육신의 몸을 버려둔 것을 알고 빌러 입고 떠나버리고 말았다. 큰 물고기를 먼 바다에 옮겨놓고 돌아온 달마는 그 사실을 알고 할 수 없이 오통선인이 남긴 퉁방울 파란 눈의 빈 육체의 껍질을 둘러쓰고 갈 수밖에 없었다.

그가 중국에 들어와 법을 전하려 하자 승려들은 그의 가르침을 전혀 수용하려 하지 않았다. 그리하여 때를 기다리며 양나라를 떠나 위나라로 들어가 소림사에서 면벽구년 수행으로 제자를 가르쳤는데, 이때 갈대를 꺾어 배를 만들어 타고 양자강을 건넌 일화는 아직도 그의 신통력을 가늠케 하고 있다.

어느 날, 법제자인 혜가스님이 팔을 잘라 가르침을 구함으로 달마는 그에게 '능가경'을 전해주며 법을 전수하는데, 이 후

달마를 종조로 하는 선종이 크게 발전을 하게 된다.

그가 열반에 든것은 양나라 대통 2년으로(528년)이다.

그 무렵, 그가 인도에서 건너와 새로운 선불교를 가르치는 것을 못마땅하게 여긴 불교학자들이 여섯 차례나 독살을 모의하였고, 마지막에는 법제자 혜가에게 법을 전하고는 그 독을 피하지 않고 마시고 죽음을 맞이하는데 시신은 화장하지 않고 웅이산에 묻었다는 기록이 있다.

그런데 서역에 사신으로 갔던 송운스님이 파미르고원에서 달마대사를 길에서 만나는데 대사는 주장자에 짚신 한 짝을 꿰어들고 걸어가고 있었다.

"대사님, 대사님은 어디로 가십니까?"

"송운아, 난 서천으로 가노라. 너의 왕은 이미 세상을 떠났느니라."

송운이 대사와 작별을 하고 귀국하여보니 이미 국왕은 승하하고 왕세자가 왕위에 올라있었다. 송운이 국왕에게 인사하고 달마대사를 오는 길에 만난 것을 이야기하니 국왕은 자신이 염습하여 무덤을 지은 사실을 말했다.

"어찌 그런 일이? 대사의 무덤을 파서 알아보라. 신 발 한 짝을 꿰어들고 걸어가고 있었다고?"

그런데, 왕이 무덤을 파헤치고 관을 열어보자 관속에는 한쪽의 신발만 덩그렇게 놓여 있었다.

양무제는 비통한 마음으로 달마대사를 추모하는 비문을

XV. 불교용어로 살펴보는 불교 상식

짓는데 그 내용은 다음과 같다.

'슬프도다. 보고도 보지 못했고 만나고도 만나지 못했으니 지난 일 오늘날에 뉘우치고 한 됨이 그지없도다! 짐은 한낱 범부로서 감히 그 가신 뒤에 스승으로 모시나이다.'

2) 포대화상(布袋和尙)

'포대화상'은 중국의 승려이다. 당나라 명주 봉화현에서 태어났으며 법명은 계차(契此)였다. 일부 관음신앙 도량에 그의 몸의 형상을 한 구조물이 놓여있는 것을 보는데 부귀영화와 많은 자식을 두고자 하는 원력불의 상징으로 알려져 있는 분이기도 하다.

그의 형상을 설명하면, 뚱뚱한 몸집에 얼굴을 항상 웃고 배는 풍선처럼 늘어져 있으며, 지팡이 끝에다 커다란 자루를 걸어 멘 모습이다. 그는 이 자루에 온갖 물건을 넣고 다니다 필요한 이가 있으면 아무런 대가를 받지 않고 나눠주어서 포대스님이라는 별칭으로 불리기도 하였다.

항상 웃는 얼굴이라 아이들이 따라 다니길 좋아하였으며, 누가 무엇을 주든 주는대로 받아먹고 땅바닥이나 바위돌에 기대 코를 골며 자며 세속의 사람들과 차별없이 어울리며 불법을 가르쳤다. 간혹, 포대자루에 개 뼈다귀를 담아가지고 다니며 '개 뼈다귀 사'라고 외치기도 하였다. 그가 앉아서 쉬면 주변의 아이들이 젖꼭지를 만지거나 눈썹을 뽑아도 개의치 않았으며, 귀를 잡아

당기거나 코를 만져도 웃기만 하였다고 기록하고 있다.

　포대화상의 일상을 그대로 표현하는 게송이 있는데 다음과 같은 내용이다.

心卽佛/마음이 부처라

夜夜胞佛眠(야야포불면)
밤마다 부처를 보듬고 자다가
朝朝還共起(조조환공기)
아침마다 같이 일어난다.

起坐鎭相隨(기좌진상수)
일어나건 앉건 서로 붙어 다니며
語默同居止(어묵동거지)
말을 하건 않건 같이 머물고 눕는다.

纖豪不相離(섬호불상리)
털끝만큼도 서로 떨어지지 않으니
如身影相似(여신영상사)
몸의 그림자 같구나.

欲識佛居處(욕식불거처)

XV. 불교용어로 살펴보는 불교 상식

부처가 어디에 있는지 알고자 할진대

只這語聲是(지저어성시)

다만 말하는 이 놈이니라.

20. 아라한(阿羅漢)이란

사전적 의미보다는 불교의 교단에서 지칭한 용법으로는 '아'는 '없다'는 뜻이고 '라한'은 '학(學)'의 뜻이다. 다시 말하면, 더 이상 배울 것이 없는 무학성자'를 이름하는 말이다. 아라한(阿羅漢)은 산스크리트 arhan을 소리 나는 대로 적은 것으로, 줄여서 나한(羅漢)이라고 한다. 응공(應供), 무학(無學), 이악(離惡), 살적(殺敵), 불생(不生)이라고도 번역하고 있다.

먼저 응공은 마땅히 공양을 받아야 한다는 뜻이며, 무학은 더 배울 것이 없는 것, 이악은 악을 멀리 떠났다는 의미로, 살적은 번뇌라는 적을 물리쳤으므로, 불생은 미혹한 세계에 태어나지 않으므로 이렇게 표현한다.

원시 불교에서는 최고의 성자를 가리키는 뜻으로 번뇌를 완전히 끊어 더 닦을 것이 없으므로 마땅히 공양 받고 존경 받아야 할 성자라는 뜻이며, 이 경지를 아라한과(阿羅漢果), 이 경지에 도달하기 위해 수행하는 단계를 아라한향(阿羅漢向)이라 하였다.

아라한의 유래는 부처님이 정각을 이룬 녹야원에서 부처님과 함께 수행한 다섯 수행자에게 가장 먼저 설법을 했다는 초전법륜과 밀접한 관련이 있다. 이 다섯 사람이 부처님과 함께 생활하고 원시적인 교단의 형태를 이루게 되었으며, 이후 이들은 차례대로 모두가 정각을 얻게 됨으로써 부처님을 포함해 여섯 사람의 아라한이 생겼다고 한다. 초기 불교에서 아라한은 부처님과 같은 사람을 가르쳤음을 알 수 있다.

따라서 부처님의 별칭인 '응공'이라 고도 함께 불렀던 것이다. 그러나 부파불교에 이르러서는 아라한이 부처님을 가리키는 명칭이 되지 않고 불제자가 도달할 수 있는 최고의 계위로 불렸다. 이 아라한 이라는 말과 함께 쓰이던 또 다른 계위는 수다원, 사다함, 벽지불, 독각이라는 명칭을 다시 세분화해서 구분하면 아래와 같이 정리할 수 있다.

① **수다원** : 삼계(三界)의 모든 애욕을 모두 끊고서 비로소 성자의 반열에 들어섰다는 뜻.

② **사다함** : 사후에 천계(天界)에 태어났다가 다시 한 번 인간계에 태어난 후에 깨달음을 얻어 열반에 들 수 있는 경지로 부처님이 제세 시에 가난한 노파의 등불 공양을 보시고 부처로 태어날 것이라고 수기한 것과 같은 상태의 인연자를 말함.

③ **벽지불** : 12인연을 관찰하여 미혹을 끊고 이 법을 깨달았기 때문에 연각이라고 한다.

④ **독각(獨覺), 아라한** - 소승불교에서 수행의 최고 단계에 도달한 성자. 모든 번뇌를 끊어 열반에든 최고 단계에 있는 사람

21. 오도송(悟道頌)과 무문관

(1) 오도송(悟道頌)

　오도송(悟道頌)이란 부처님의 27대 제자인 보리달마가 소림사에서 면벽구년 수행을 하면서 깨우신 '달마송(達磨頌)'이 근거가 되어 선가(禪家)에서 견성하는 수행승이 스승으로부터 화두를 전해 받고 그 화두를 참구하여 깨우쳐 짧은 시로 남긴 것을 일컬어 왔다.
　다시 말하면, 선승이 자신의 깨달음을 읊은 선시(禪詩)를 이르는 말로 게송(偈頌)의 하나로 보면 된다. 게송이란 불교의 가르침을 함축하여 표현하는 운문체의 짧은 시구를 말하는데, 본래 게와 송은 같은 의미이다.
　사전적 의미로 살펴보면, 게는 산스크리트 가타(gatha)의 음을 따서 만든 말이고, 송은 가타를 한문으로 번역한 것이다. 따라서 게송을 게 또는 송으로 줄여 부르기도 한다. 이 게송 중에서 고승이 자신의 깨달음을 노래한 것이 바로 오도송(悟道頌)이라 하였다.
　기록상으로는 오도송을 가장 먼저 남긴 이는 조동종을 일으킨 동산양개(洞山良价:807~869)스님이다. '조당집'제5권 '운암화상장(雲岩和尙章)'을 살펴보면 양개스님이 개울을 건너다가 문득 깨달음을 얻고 '동산과수(洞山過水)'라는 게송을 남겼다고 한다.

개울물에 비친 자신의 모습을 보고 문득 깨달은 바를 노래한 이 게송은 훗날 과수게(過水偈)라는 이름으로 널리 알려지기도 하였다. 오도송은 양개스님의 경우처럼 뜻하지 않는 곳에서 깨달음을 얻을 때 남기는 경우가 많았다.

'참동계(參同契)'를 지은 석두희천(石頭希遷:700~790)스님은 '조론(肇論)'이라는 책을 읽다가 '삼라만상의 진실을 깨닫고 자신으로 삼는 자는 오직 성인일 뿐이다.'라는 오도송을 남겼고, 휴정(休靜:1520~1604)은 전북 남원의 한 마을을 지나다가 닭 우는 소리를 듣고 문득 깨달아 오도송을 남겼다고도 한다.

(2) 무문관(無門關)

무문관(無門關)이라는 불교용어의 출처는 중국 송나라 때의 승려 무문혜개(無門慧開)가 설법한 내용을 그의 제자 '송소'가 엮은 것으로 선종(禪宗)에서는 불교의 입문서로 널리 익히는 책이다. 시기는 1228년, 지금으로부터 790여 년 전에 옛 승려들의 공안 48가지를 해석한 내용인데, '무문관(無門關)'이란 '무(無)'자의 정확한 탐구만이 선문(禪門)의 종지(宗旨)로 들어서는 제일의 관문이라는 뜻이다.

이 책에서 무문은 참선(參禪)의 인가 원칙을 제시하는데, 먼저 '고승들이 세워 놓은 관문을 통과해야 한다.'고 하였다. 그것은 지극히 묘한 깨달음은 마음의 작용을 끝까지 밝혀 보통의 의식을 지워 버려야 가능하다는 뜻이다. 고승들의 관문을

XV. 불교용어로 살펴보는 불교 상식

통과하지 않고 마음의 움직임을 끊지 못한다면, 그것은 모두 '짚으로 만든 허수아비와 같다.'고 비유하였다.

이 책의 정확한 명칭은 '선종무문관(禪宗無門關)'이며, 1245년에 맹공(孟珙)이 다시 간행하여 남송 때 널리 유포되었고, 우리나라에는 고려 고종 19년 서기 1232년에 백련결사를 조직했던 승려 '요세'가 들여 온 것으로 알려지고 있다.

현대에 와서는 '무문관'은 참선하는 수행자들이 일정기간 산문 밖의 출입을 일체 금하고, 스승이 내린 화두를 들고 깨우쳐 알 때까지 정중동하여 참구하는 일체의 행위를 일컫는 말로도 일반에게 알려진 용어가 되었다.

22. 불교와 고대 인도 아쇼카왕

아쇼카왕은 부처님이 열반하신 지 116년 후인 기원전 271년 고대인도 마우리왕조 3세 왕으로 왕위에 오른 왕이다. 그는 아버지 빈두사라왕의 자녀 101명 중에 하나로 젊은 시절 수많은 전쟁을 일으킨 호전광이었으며, 이복형제 99명을 살해하고 왕위에 오른 비정한 군주로 알려져 있다.

그의 영토는 1800년이 흐른 뒤 무굴제국이 등장하기까지 인도 역사상 가장 큰 영토를 차지하고 있었으며, 정복한 나라의 경계마다 비문을 새기고 그

307

비문위에 쌍사자상을 조각하였다. 그리고 이 조각은 현재 인도의 국장으로 사용하고 있고, 함께 비석에 새긴 수레바퀴 문양은 공화국 국기의 중앙에 그릴 정도로 정치, 문화, 사회, 관습이 현대 인도의 역사에도 큰 비중을 차지하고 있다.

아쇼카왕은 그의 마지막 전투인 칼링가 전투에서 보병 60만 대군과 기병 10만 명, 코끼리부대 9천 마리를 이끌고 공격하여 단 며칠 사이에 10여명을 무자비하게 살상하였다. 그는 승리의 북소리를 들으며 카링가 수도를 돌아보다가 부모를 잃고 헤매는 어린고아들과 가족을 잃고 미쳐 우는 부녀자들, 그리고 수많은 시채더미속에서 시신을 뜯어먹고 있는 개들을 보다가 문득 인생무상을 느끼고 불교에 귀의한다. 그리고 병원과 고아원, 양로원을 세워 전쟁으로 떠돌던 이들을 치료하고 돌보게 하였으며, 살아있는 모든 생물의 살생을 금지하는 한편 인류 최초로 동물병원과 수의사를 양성하기도 하였다.

또한, 전쟁에 대한 참회와 반성의 의미로 불교를 열성적으로 신봉하여 전국 여러 곳에 불탑을 세우고 승려들을 스리랑카 등 이웃 나라로 보내 불교 포교에도 힘을 썼다.

그가 재위하고 있는 동안 불교문화는 크게 발전하였고 많은 불상조성과 사원과 불탑이 건설되었다. 그가 죽고 난 뒤 800여년이 지난 뒤 같은 이름을 쓰는 아쇼카왕이 즉위하여 금동불상 조성을 발원하며 철과 금을 모아 이웃나라에 제공을 하는데 신라 진흥왕도 그 재물을 받아 황룡사의 장육존상을

XV. 불교용어로 살펴보는 불교 상식

만들었다는 기록도 남아있다.

'현우경(賢愚經)'에 나타나 있는 아쇼카왕의 전생 이야기를 소개하면, 기원정사에 계시던 부처님이 제자들과 탁발을 하시다가 사위성 망루아래에서 아이들 몇이 모래성을 쌓고 놀고있는 것을 보시게 되었다. 그 아이들은 부처님과 사리풋다 일행이 다가오자 자리를 정돈하고 자신들이 지은 모래성의 창고에서 모래를 한 줌 웅켜쥐고 말했다.

"니제야, 내가 부처님에게 공양을 하고 싶은데 키가 작아서 안되겠다. 네가 좀 엎드릴래?"

"뭐? 부처님께 공양한다고? 좋아. 내가 엎드릴께."

모래집을 짓던 아이는 엎드리고 창고에서 모래 한 줌을 움켜낸 아이는 두 손으로 부처님에게 모래를 바쳤다. 부처님은 빙그레 웃으시면서 허리를 굽혀 아이들의 공양물인 모래를 발우에 받으셨다. 부처님은 얼핏 장난스러운 일이지만 정성이 가득한 공양을 받으시고는 아난다 존자에게 주시면서 말씀하셨다.

"아난아, 이 정성 가득한 아이들의 공양물을 잘 보관했다가 내 방바닥에 깔도록 하여라."

"세존이시여, 그리 하겠나이다."

그러나 아이들이 공양한 모래 한 줌은 무너진 정사의 한쪽 구석도 메우지 못할 아주 작은 양이었다. 이 모습을 본 부처님이 사리풋다와 아난다존자에게 말씀하셨다.

"아난아, 내가 이 모래를 보시한 아이의 장래를 예언하리니 잘 들어라. 그 아이는 내게 기쁜 마음으로 모래를 보시한 공덕으로 내가 세상을 떠난 지 백여 년 뒤에 이 나라의 국왕이 되어 그 이름을 '아쇼카'라 불리게 될 것이다. 그리고 또 한 아이는 대신이 되어 국왕을 도와 모든 나라를 함께 맡아 다스리고, 불교를 두루 전파하며, 널리 공양을 베푸는 선정을 베풀 것이다.

그리하여 이 사바세계 구석구석까지 평화와 행복을 가득히 심을 왕도정치를 하게 될 것이다. 또한, 나를 위해 8만 4천의 보탑을 세울 것이니라." 하셨다.

23. 욕계(欲界) 6 천하늘

불교의 사생관에 열거되어 있는 욕계 6하늘과 색계 18개의 하늘에 대한 설명은 우리가 가지고 있는 번뇌와 탐진치에서 그려진 하늘로 보면 된다. 여기서 말하는 욕계는 하늘에 속하지만, 삼계(三界)로 구분할 때에는 욕계의 세상으로 구분한다.

'욕계 6천 하늘'을 설명하면 다음과 같다.

① 사천왕천(四天王天) : 護世天이라고도 하는데 사대천왕이 있어 수미(須彌)의 四州를 수호하며 그 권속들과 살고 있다고 하였다.

사대천왕이란

XV. 불교용어로 살펴보는 불교 상식

　가. 東州를 주로 수호하는 지국천왕(持國天王)
　나. 南州를 주로 수호하는 증장천왕(增長天王)
　다. 東州를 주로 수호하는 광목천왕(廣目天王)
　라. 北州를 주로 수호하는 다문천왕(多聞天王)등 넷을 말하는 것으로 이들의 城은 모두 보배로 장식되어 있다.

　이 곳에도 남여의 구별이 있어 혼인하는 일이 있다고 하는데, 아수라 도리천과 마찬가지로 몸과 몸을 가까이 하여 기운으로써 음양을 이루며 이곳에 처음 태어났을 때는 인간의 1~2 세 아이와 같아 하늘의 무릎에 앉는다고 한다. 우리가 큰 절에 가면 입구에 天王門이란 것을 볼 수 있는데, 이 곳은 곧 이 사대천왕을 모신 곳으로 불법을 수호하고 밖으로부터 오는 악마들을 방어하는 뜻에서 세워진 것이다.

　② 도리천(刀利天) : 사천왕이 사는 세상의 위에 있는 세상이며, 불교에서 흔히 말하는 33天 하늘이다. 이 도리천을 33천이라고 하는 이유는 중앙에 도리천의 왕인 제석천(帝釋天)이 있는 선견성(善見城)을 중심으로 하여 사방에 8개씩 32城이 있어 도합 33城이 되기 때문이다.

　제석천은 사천왕과 32천을 통솔하면서 불법과 불법에 귀의한 이들을 보호하고 아수라의 군대를 정벌한다고 한다. 이 도리천에 대해서는 일찌기 부처님께서 어머니인 마야부인을 위하여 석달동안 올라가 설법을 하고 내려오셨다는 이야기가 전해 내려오기도 한다.

　이상 六欲天 중에서 사천왕천과 도리천의 둘은 수미산을 의지해 있기 때문에 지거천(地居天)세상이라고 하는데 사천왕천은 중턱에 도리천은 정상에 있다고 한다.

　③ 야마천(夜摩天) : 이 야마천부터는 앞의 두 개의 하늘이 지거천(地居天)임에 반하여 공중에 위치하고 있기 때문에 공거천(空居天)이라고 한다. 야마천은 염마천(焰摩天), 염천이라고도 하며 번역하여 선시천 시분천(善時天 時分天)이라고도 하는데 이 곳에서는 때에 따라 오요각(五欲樂)을 받는다고 한다. 도리천보다 수승한 하늘로서 처음 태어났을 때는 인간의 3~4세 아이와 같다고 한다.

　④ 도솔천(도率天) : 야마천보다 위에 있는 더 나은 하늘이다.
　이 곳에서는 자기가 받는 오욕악(五欲樂)에 스스로 만족한 마음을 내 안정되어 있다고 한다. 처음 태어났을 때는 인간의 4-5세 아이와 같다고 한다.
　그리고 이 곳엔 내외의 二院이 있는데 외원은 천인들의 欲樂處가 되고 내원은 미륵보살의 정토로서 미륵보살은 이 곳에 있으면서 남염주부에 하강하여 성불할 때를 기다리고 있다고 한다.
　석가모니 부처님께서도 이 세상에 오시기 전에는 이 곳

도솔천 내원궁에서 호명(護明)보살로서 천인들을 교화하고 계시었다고 전하였다.

⑤ 화락천(化樂天) : 도솔천보다 위에 있는 하늘로서 오욕의 경계를 스스로 변화하여 즐기기 때문에 화락천(化樂天)이라고 한다. 이 하늘에 처음 태어 났을 때는 인간의 5~6세 아이와 같다고 한다.

⑥ 타화자재천(靑化自在天) : 청화천(靑化天)이라고도 부른다. 화락천보다 더 수승한 하늘로 욕계 중 가장 높은 데 있는 제일가는 하늘이다. 이 하늘은 남이 변해 나타내는 즐거운 일들을 자유롭게 자기의 쾌락으로 삼기 때문에 이렇게 이름한다고 한다. 이 곳에 처음 태어났을 때에는 인간의 6~7세 아이와 같다고 한다.

24. 색계(色界) 18하늘

색계란 앞의 욕계가 중생의 모든 탐욕을 주로 하여 이룩된 세계이고, 무색계가 순 정신적인 세계임에 비하여 모든 탐욕은 여의었으나 아직 순 정신적인 것은 되지 못한 중간의 세계로 욕계의 상층에 있으며 욕계 보다 수승한 물질로 되어있다.

초선천(初禪天) : 초선정(初禪定)을 닦은 이가 나는 3가지의 하늘

① 범중천(梵衆天) : 초선천의 주인인 '대범왕(大凡天王)'이 영솔하는 천인이 살고 있다고 한다.

② 범보천(梵輔天) : 대범왕의 신하들이 살고 있으며 대범왕이 어디를 갈 적엔 반드시 이 신하들이 앞서 가면서 왕의 이익을 생각한다고 한다.

③ 대범천(大梵天) : 대범왕이 있는 곳으로 그 누각과 寶臺가 아름답다고 한다.

이선천(二禪天) : 제이 선정을 닦는 이가 나는 3개의 하늘

① 소광천(少光天) : 二禪天 중에서 광명을 놓는 것이 제일 적다고 한다.

② 무량광천(無量光天) : 이 하늘에서 나면 몸으로 광명을 놓는 것이 한량없다고 한다.

③ 극광정천(極光淨天) : 광명이 앞의 것보다 더하여 自靑를 비춘다고 한다.

삼선천(三禪天) : 제삼 선정을 닦는 이가 나는 하늘

① 소정천(少淨天) : 이 하늘의 오식(五識)은 즐겁고 청정하기에(樂受) 淨이라하며 삼선천(三禪天) 중에서는 가장 저열하다고 한다.

XV. 불교용어로 살펴보는 불교 상식

② 무량정천(無量淨天) : 악수(樂受)가 있으며 소정천에 비하면 훨씬 勝妙하여 한량이 없다.

③ 편정천(遍淨天) : 이 하늘은 맑고 깨끗하며 즐거움이 가득찼기에 편정이라고 한다.

사선천(四禪天) : 제사선정을 닦는 이가 나는 하늘
① 무운천(無雲天) : 이 하늘부터는 구름위에 있어 구름이 없는 곳에 있으므로 무운이라고 한다.

② 복생천(福生天) : 이 하늘엔 수승한 복덕으로 태어남으로 복생이라 한다.

③ 광과천(廣果天) : 사선천 중에서 범부가 사는 하늘로는 가장 좋다고 한다.

④ 무상천(無想天) : 위의 광과 천안에 있는 하늘로 이 하늘에 태어나면 모든 생각이 없으므로 무상이라고 한다.

⑤ 무번천(無煩天) : 욕계의 괴로움과 색계의 즐거움을 모두 여의어 몸과 마음을 번거롭게 하는 일이 없는 것으로 첫 번째 하늘이다.

⑥ 무열천(無熱天) : 심경이 의지함이 없고 맑고 청정하여 일체의 熱惱가 없다.

⑦ 선현천(善現天) : 하늘사람들의 선묘(善妙)의 과보가 나타나므로 선현이라고 한다.

⑧ 선견천(善見天) : 장애가 없어 열가지 방향을 보는 것이

315

자재로운 하늘이라고 한다.

⑨ 색구경천(色究竟天):색계중 가장 위에 있는 하늘이다.

25. 육도윤회(六度輪迴)란

이 사바세계에 사는 중생들이 지은 업력에 의해 ① 지옥 ② 아귀 ③ 축생 ④ 아수라 ⑤ 인간 ⑥ 천상도로 돌고 돌아 태어나고 죽음을 반복하는 것을 지칭한 말이다.

축생과 아귀 인간계를 현생(現生)이라고 부르고 있다.

XV. 불교용어로 살펴보는 불교 상식

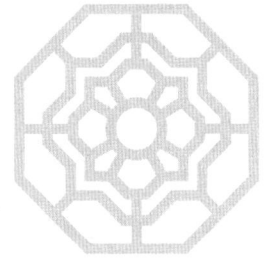

부록1 극락왕생을 기원하는 진언

① 파지옥 진언 (破地獄眞言)
   옴 가라지야 사바하

② 해원결 진언 (解寃結眞言)
   : 맺힌 원한을 풀어주는 진언
   옴 삼다라 가닥 사바하

③ 관세음보살 멸업장 진언 (觀世音菩薩 滅業障眞言)
   : 관세음보살의 대자대비하신 위신력으로 다생의 업장을 소멸시켜주는 진언
   옴 아로늑계 사바하

④ 지장보살 멸정업 진언 (地藏菩薩滅定業眞言)
   : 지장보살님께서 받게될 죄업을 소멸시켜 주시는 진언으로, 막다른 골목에 다달아서 이 진언을 외우면 지옥도 무너진다 하였다.
   옴 바라 마니 다니 사바하

⑤ 아미타불 본심미묘 진언 (阿彌陀佛 本心微妙眞言)
   : 아미타불의 근본된 미묘한 마음을 깨닫고자 하는 진언이다. 이 진언을 외면 아마타불의 영접을 받는다고 하였다.
   다냐타 옴 아리다라 사바하

⑥ 발일체업장 근본득생정토 다라니 (拔一切業障 根本得生淨土 陀羅尼)
   : 모든 업장을 뽑아내고 선근(善根) 공덕(功德)을 심어 정토에 태어나는 주문이다.

나무 아미다바야 다타가다야 다디야타 아미리
도바비 아미리다 싯담바비 아미리다 비가란제
아미리다 비가란다 가미니 가가나 깃다가례 사바하

⑦ 결정왕생정토 진언 (決定往生淨土眞言)
: 결정적으로 극락세계에 가서 날 수 있는 진언으로 극락세계의 변상도를 앞에 놓고 관하면서 하거나 혹은 상상하면서 봉행한다.
나무 사만다 못다남 옴 아마리 나바폐 사바하

⑧ 상품상생 진언 (上品上生眞言)
: 구품연대 가운데서도 최상품에 태어나는 진언으로 극락세계에 태어나더라도 이왕이면 9품가운데 최상품에 태어나기를 원할 때 관하는 진언이다.
옴 마리다리 훔훔바탁 사바하

⑨ 선망부모왕생정토 진언 (先亡父母往生淨土眞言)
: 돌아가신 부모님이 극락왕생하기를 기원하는 진언이다.
나무 사만다 못다남 옴 숫제유리 사바하

부록2 한국 불교사 연대표

1. 삼국시대

372 고구려 소수림왕 2년 전진왕이 순도를 통해 불경,불상 전함.
384 백제 침류왕 1년 동진에서 마라난타가 불교를 전함.
391 고구려 광개토왕 1년 왕이 백성에게 불교를 숭봉하라 하교.
392 고구려 광개토왕 2년 평양에 절 아홉군데를 지음.
392 백제 아신왕 1년 왕이 백성에게 불교를 숭봉하라 하교.
417~458 신라 눌지왕 고구려 승 묵호자가 불교를 전함.
452 가야 질지왕 2년 수로왕의 왕후 허왕후 명복을 빌고자 왕후사를 세움.
479~500 신라 소지왕 고구려 승려 아도가 불교를 전함.
512 고구려 문자왕 21년 고구려 승랑, 양무제가 보낸 고승 10명에게 삼론학을 가르침.
526 백제 성왕 4년 겸익, 인도에서 율장을 가지고 귀국.
527 신라 법흥왕 14년 이차돈의 순교를 계기로 불교 공인.
549 신라 진흥왕 10년 신라 최초 유학승 각덕, 양나라에서 귀국.
551 신라 진흥왕 12년 고구려에서 망명해 온 혜량 국통이 됨.
552 백제 성왕 30년 일본에 금동불,불경,미륵석불을 보내 불교를 전함.
565 신라 진흥왕 26년 유학승 명관, 진나라에서 불경 가지고 귀국.
576 고구려 평원왕 18년 의연, 북제에 건너가 불교역사 질의.
577 백제 위덕왕 24년 검단, 선운사를 세움.
577 백제 위덕왕 24년 일본에 경론과 율사,기술자 등을 보내 일본불교 지원.
576~59 신라 진지왕 진자, 백제에서 미륵화신 미력랑을 맞이함.
595 고구려 영양왕 6 고구려 혜자와 백제 혜총, 일본 쇼오토쿠(백제 위덕왕 42) 태자의 스승이 됨.
601 백제 무왕 2 미륵사 세움.
608 신라 진평왕 30 원광, 수나라를 찾아가 고구려를 공격하여 달라는 걸사표를 씀. (612년,수나라 113만대군 고구려 침략)
610 고구려 영양왕 21 담징, 일본에 불교,유학,그림,제지법 등을 가르치고 법흥사

부록

　　　금당벽화 그림.
612　고구려 영양왕 23 살수대첩에 일곱 승려 공헌.
613　신라 진평왕 35 수나라 사신을 위해 황룡사에서 원광을 우두머리로 백고좌회 개최.
643　신라 선덕여왕 12 자장, 왕의 요청에 따라 당에서 귀국.
643　고구려 보장왕 2 당에 사신을 보내 도사, 도덕경 들여와 도교 장려
645　신라 선덕여왕 14 황룡사 9층탑 세움.
650　고구려 보장왕 9 보덕, 백제에 망명.
660　백제멸망 후 도침, 복신과 함께 주류성에서 일어나 백제 국권회복투쟁을 벌임.
671　신라 문무왕 10 의상, 당나라에서 귀국하여 당군침략 정보를 알림. 명랑, 당군 침략 물리치는 밀교의식.
676　신라 문무왕 15 의상, 부석사 세움. 왕의 논,밭,노비 기부를 거절.

2. 남북국시대

697　발해 고왕 1 당나라와 불교 외교.
713　발해 고왕 16 발해 사신, 당나라 사찰 참배 허용 요구.
740　신라 효성왕 4 심상, 일본에 화엄종을 일으킴.
751　신라 경덕왕 10 재상 김대성, 불국사와 석굴암을 세움.
753　신라 경덕왕 12 대현, 대궐에서 금강명경 강의.
754　신라 경덕왕 13 법해, 황룡사에서 왕을 위해 화엄경을 강의.
763　신라 경덕왕 22 신충, 왕을 위해 단속사 세우고 왕의 복을 기원함.
764　신라 경덕왕 23 진표, 금산사에서 미륵불 조성.
821　신라 헌덕왕 13 도의, 당에서 돌아와 선을 전함.
826　신라 흥덕왕 1 홍척, 당에서 돌아와 실상산파 개창.
845　신라 문성왕 7 무염, 당에서 돌아와 성주산파 개창.
847　신라 문성왕 9 범일, 당에서 돌아와 사굴산파 개창.
864　신라 경문왕 4 도선, 옥룡사 세움.
873　신라 경문왕 13 순지, 당에서 돌아와 오관산파 개창.
875　신라 헌강왕 1 도선, 송악지방 호족 왕륭과 친교.
891　신라 진성여왕 5 궁예, 기훤의 농민봉기군에 참가.
894　신라 진성여왕 8 최치원, 해인사에 은둔.

321

895 신라 진성여왕 9 궁예, 새 나라를 세움.
898 신라 효공왕 2 궁예, 팔관회 개시.
900 신라 효공왕 4 진훤, 후백제를 세움.
922 신라 경명왕 6 진훤, 미륵사탑 복구, 선운사에서 승려 지도자 선출.

3. 고려시대

918 태조 1 왕건 즉위, 팔관회 개시.
921 태조 4 이엄을 왕사로 책봉.
927 태조 10 발해 승려 재웅 등 고려에 망명.
936 태조 19 후삼국 통합, 개태사 세움.
958 광종 9 승과고시 개시.
961 광종 12 체관을 중국에 보내 천태종 서적 전함.
964 광종 15 균여를 귀법사 주지에 임명.
982 성종 1 최승로, 시무책에서 부패 불교 비판.
987 성종 6 팔관회 폐지.
1010 현종 1 팔관회 재개.
1011 현종 2 거란 침략 물리치기를 기원하여 대장경 간행.
1067 문종 21 흥왕사 세움.
1070 문종 24 의천, 15세에 승통에 임명됨.
1085 선종 2 의천, 송나라에 몰래 건너가 다음해 귀국.
1086 선종 3 의천, 교장도감을 두어 속장경을 조판.
1090 선종 7 의천, 최초의 불교도서목록 '신편제종교장총록'을 작성.
1096 숙종 1 천태종을 열고 국청사를 세움.
1101 숙종 6 참사상 퍼뜨린 광기와 각진을 처벌.
1107 예종 2 여진 정벌, 옛땅 회복 투쟁에 승군 참전.
1107 예종 2 함경도 정복지에 호국인왕사, 진동보제사 세움.
1129 인종 7 묘청 등, 칭제건원, 금나라 정벌 건의.
1131 인종 9 묘청, 서경 대화궁에 팔성당 지음.
1135 인종 13 묘청, 서경에서 혁명. 새나라 이름을 '대위'라고 함.
1170 의종 25 보현원에서 무신정변 폭발.

부록

1174 명종 4 귀법사 승려 봉기, 개경 승려 반란, 왕정복고 투쟁.
1176 명종 6 공주 명학소 민중봉기, 사찰습격.
1177 명종 7 서경 민중봉기, 담화사 근거로 투쟁, 승려들을 봉기군으로 징발함.
1181 명종 11 농민봉기군, 왕실 원찰 봉은사 습격.
1190 명종 20 지눌, 정혜결사 조직.
1202 신종 5 대구 동화사, 부인사 승려들, 농민봉기에 참가.
1217 고종 4 최충헌 타도를 위한 승군 반란.
1231 고종 18 충주 노비해방투쟁 지도자 우본이 몽고 침략군에 항쟁하여 물리침.
1232 고종 19 요세, 백련결사 조직.
1232 고종 19 우본이 이끄는 노비, 승군 2차 노비 해방 투쟁.
1232 고종 19 개경 노비, 승려 봉기.
1232 고종 19 김윤후, 처인성에서 몽고 원수 살리타이 사살.
1236 고종 23 강화도에서 대장경 새김. (1251년 완성)
1253 고종 40 김윤후, 노비군 이끌고 충주성 사수.
1275 충렬왕 1 일연, 인각사에서 삼국유사 저술.
1328 충숙왕 15 무기, 석가여래행적송 지음.
1348 충목왕 4 원 왕실의 장수, 행복을 빌기 위해 경천사 대리석 탑 세움.
1356 공민왕 5 보우, 왕사가 되어 승직 임명 관장.
1365 공민왕 14 신돈, 국정의 전권을 맡아 개혁정치.
1366 공민왕 15 신돈, 전민변정도감 설치, 권문세족이 강탈한 토지 환수,노비해방.
1371 공민왕 20 신돈 처형후 보우를 국사로, 혜근을 왕사로 책봉.
1388 우왕 14 신조, 이성계의 참모로써 위화도 회군에 주요 역할.
1388 창왕 1 이성계 심복 조인옥, 불교배척 상소
1391 공양왕 3 박초,김초 등 불교배척 상소 잇따름

4. 조선왕조시대

1392 태조 1 도첩제 강화로 승려 출가 억제. 무학을 왕사로 임명.
1402 태종 2 사찰 토지 몰수 시작.
1406 태종 6 사찰 수 제한 조치.
1406 태종 6 성민 등 탄압조치 시정 호소.

323

1406 태종 6 해선, 지붕개량사업 자청.
1424 세종 6 불교종파 통폐합 조치.
1427 세종 9 천우 등 온천치료 기금 설치 청원.
1433 세종 14 태평관 짓는 일에 승려 동원.
1461 세조 6 간경도감을 두어 주요 경전 번역,간행.
1464 세조 9 왕실 원찰 원각사 세움.
1471 성종 2 염불소 금지.
1492 성종 23 도첩제 폐지, 무단출가 승려 환속조치.
1503 연산군 10 승과 폐지.
1516 중종 11 사찰 토지,노비 몰수.
1535 중종 30 태안반도 운하 공사에 승려 동원.
1550 명종 5 보우 등용, 불교 부흥.
1552 명종 7 도첩제,승과 부활.
1559~ 명종 14~17 임꺽정의 봉기. 1562
1565 명종 20 보우, 제주도에 유배되어 살해됨.
1566 명종 21 도첩제,승과 폐지. 승려 출가 금지.
1589 선조 22 정여립의 혁명 모의에 구월산,지리산, 송광사 불교 세력 참가.
1592 선조 25 일본의 침략에 맞서 의승군이 일어남. 공주 의승군의 청주성 탈환, 휴정의 전국 승군 조직.
1593 선조 26 의승군, 평양성 탈환, 행주산성 전투에 참가.
1593 선조 26 윤눌 등 의승군, 이순신의 수군에 참여
1597 선조 30 의승군, 울산,석주관 전투 참가.
1598 선조 31 의승군과 수군 협동작전으로 노량대첩.
1598 선조 31 이몽학의 민중봉기에 승려들 참가.
1604 선조 37 유정, 일본에 가서 강화회담, 포로 송환.
1623 인조 1 승려 도성 출입 금지.
1624 인조 2 평양성 재건에 승려들 동원.
1627 인조 5 후금이 침략하자 명조, 의승군 일으킴.
1636 인조 14 청이 침략하자 각성, 의승군 일으킴.
1669 현종 10 대흥사에 휴정의 사당 표충사세움.
1688 숙종 14 여환의 미륵혁명 운동.

1687~ 1697 숙종 13~23 장길산 유격대의 투쟁.
1696 숙종 22 뇌현 등, 안용복과 함께 일본에 건너가 울릉도 영토권 확인 소송.
1697 숙종 23 장길산과 연대한 민중불교혁명운동 발각.
1728 영조 4 이인좌의 반란에 지리산 승려들 참가.
1758 영조 34 황해도 농민들의 존경을 받던 '생불" 여인 처형 당함.
1763 영조 39 황해도 미륵신앙자 처형.
1785 정조 9 함경도 거사 집단과 미륵교도의 봉기모의.
1785 정조 9 용파, 관리들의 사찰 수탈 시정 호소.
1826 정조 26 백파, 선문수경 지음.초의,김정희와 논쟁.
1851 철종 2 성월, 구월산 봉기에 참가.
1867 고종 4 순성, 명화적을 조직하여 서울,경기의 양반 부호,관가 습격
1870 고종 7 이필제, 지리산 대원암을 근거로 혁명운동.
1892 고종 26 선운사 마애미륵불 비결사건.
1892 고종 26 승려출신 서장옥, 동학 삼례집회 주도.
1893 고종 27 서장옥, 서울에서 대자보 등으로 반외세운동 주도.
1893 고종 27 동학 보은집회 당시 남접진영에 호남 승려들 참가.
1894 고종 28 갑오농민전쟁에 민중불교세력 참가.
1895 고종 32 일련종 승려과 옴. 승려의 도성출입금지해제를 청함.
1897 고종 34 승려 도성출입금지령을 해제함.
1899 고종 36 해인사 대장경을 인각하여 각 사찰에 분배함. 동대문밖 원흥사를 세움.
1902 고종 39 원흥사를 대법산으로 삼고, 사찰령36조를 정함.
1908 순종 2 원종종무원을 건립함. 이회광을 대종정으로 임명함.
1910 순종 4 승려들의 취처의 자유를 의논함. 임제종을 창설함.

5. 일제강점시대

1911 임제종 종무원을 설립. 사찰령 시행규칙을 분류함. 30본사를 설정함.
1912 조선불교선교양종 종무원을 설치하고, 각황사를 중앙포교당으로 함.
1913 스리랑카승려 달마파라가 옴. 불교흥릉회를 발족함.
1917 불교진흥회를 설립.
1920 불교청년회를 설립.

1921 조선불교선교양종 중앙총무원을 설립.
1922 불교유신회를 만듦. 사찰령 폐지 등을 조선총독부에 제출.
1924 '불교'지 창간. 원종호법회를 설립.
1927 조선불교중흥회를 설립. 금강산 유점사에서 금강불교청년회를 설립.
1928 사법개정. 각사에 평의원회를 설치. 불교 시찰단을 일본으로 파견함.
1929 전국승려대회를 개최함.
1931 각황사에서 조선불교청년동맹의 발기대회를 개최함.
1936 해인사 대장경을 인각함.
1942 조계종법을 발포.
1945 사찰회. 조계종 총본산, 태고사법등의 폐지를 결의. 대한민국 불교신종단의 출발
1946 대한민국 성립.

6. 대한민국

1947년 선학원에 조선불교 총본원설립(교정 장석상), 태고사 인도 요구.
1948년 5월 제헌국회에 승려 출신 유성갑. 최범술 당선.
1948년 6월 조선불교 제2대 교정에 방한암 추대.
1948년 12월 조선불교 중앙총무원장에 박원찬 발령.
1949년 9월 유엽. 한보순. 장도환 등 총무원에 난입. 원장 박원찬 등을 감금. 사직 강요
1949년 10월 제3대 총무원장에 김구하 취임.
1950년 5월 제2대 국회에 승려 출신 이종욱. 허영호. 박성하 당선 진출.
1950년 6월 인민군을 따라서 남하한 김해진에 의해서 총무원이 점령당했으나 곧
          수복. 불교계 주요인사 납북.
1952년 7월 제4대 총무원장에 이종욱 취임.
1954년 5월 이승만대통령 제1차 정화유시 발표.
1954년 6월 조선불교를 대한불교 조계종으로 개칭
1954년 6월 불교정화운동 발기인대회 개최
1954년 11월 비구측 태고사 강제 점거. 대처승 축출
1955년 1월 종정 송만암, 비구승이 환부역조(換父易祖 : 보조종조론을 가리킴 한다고
          종정을 사퇴하고 대처승측에 가담.
1956년 6월 서울지방법원, 비구측의 종헌 무효 선고. 비구측 항소

1957년 9월 서울고등법원, 비구측 패소 부분을 취소한다고 판시
1958년 12월 장성 백양사. 비구. 대처승간 난투극 연출
1960년 11월 비구들 400여명 대법원 청사에 난입. 6명의 비구 할복 기도
1962년 1월 비구측 종정 하동산과 대처승측 종정 국성우 문교부에 출두하여 통일 종단 구성에 서명 날인
1962년 5월 불교재산관리법 제정 공포
1962년 9월 통합종단 결렬
1970년 4월 대처승측, 한국불교태고종으로 독자노선을 선언.
1978년 3월 조계종 재야측, 개운사에 임시 총무원을 개원, 조계종 양분.
1980년 10월 개운사측, 조계사측 총무원을 강제 점거
1980년 10월 계엄사령부, 조계종 총무원 및 전국주요 사찰에 계엄군 투입. 10.27법란.
1986년 6월 정토구현 전국승가회 창립
1986년 8월 조계종 제 25대 총무원장 서의현 취임.
1988년 불교재산관리법 폐지, 분종과 창종 사태 (30개 가량의 신생 불교 종단 출현)
1993년 11월 조계종 종정 성철스님 입적
1994년 3월, 4월 범종추, 구종법회
1994년 4월 13일 조계종 개혁회의 출범.

부록3 전국불교대학 주소록

| 서울 |

국제선센터불교대학 02-2650-2209
08013 서울시 양천구 목동동로 167 (신정동) 국제선센터
극락사불교대학 02-434-1717
02062 서울시 중랑구 망우로91길 100 (망우동) 극락사
길상사불교대학 02-3672-0036
02839 서울시 성북구 선잠로5길 68 (성북동) 길상사
대성사불교대학 02-583-1475
06757 서울시 서초구 남부순환로328길 49 (서초동)
봉은불교대학 02-3218-4821
06087 서울시 강남구 봉은사로 531 (삼성동) 봉은사
불광불교대학 02-417-2551
05609 서울시 송파구 백제고분로39길 42 (석촌동) 불광사
삼보불교대학 02-352-6406
03404 서울시 은평구 진흥로 99-4 (역촌동) 삼보사
서울정각원 불교대학 02-2260-3016-8
04620 서울시 중구 필동로1길 30 (장충동2가) 동국대학교
수국사불교대학 02-356-2001
03424 서울시 은평구 서오릉로23길 8-5(구산동) 수국사
약사사불교대학 02-2662-2551
07501 서울시 강서구 금낭화로17길 261 약사사
연화불교대학 02-962-6186
02454 서울시 동대문구 경희대로3길 56 (회기동) 연화사
조계사불교대학 02-768-8600
03144 서울시 종로구 우정국로 55 (견지동) 조계사
진관사불교대학 02-359-8410
03308 서울시 은평구 진관길 73 (진관동) 진관사

부록

호압사불교대학 02-803-4779
08655 서울시 금천구 호암로 278(시흥동) 호압사
화계불교대학 02-997-6469
01095 서울시 강북구 화계사길 117(수유동) 화계사
금강선원불교대학 02-445-8484
06329 서울시 강남구 개포로82길 11(개포동) 삼우빌딩 4층 금강선원

| 경기 |

금강불교대학 02-898-8200
14332 경기도 광명시 설월로 58(소하동) 금강정사
김포불교대학 031-980-7753
10118 경기도 김포시 승가로 123 중앙승가대학교대학본부 지하 1층
대덕사불교대학 031-283-3655
17099 경기도 용인시 기흥구 기곡로 29-13(하갈동) 대덕사
보문선원불교대학 031-401-2540
15288 경기도안산 상록구 예술광장로19, 현대쇼핑(월피동)5층504호 보문선원
봉녕사심우불교대학 031-256-4127
16230 경기도 수원시 팔달구 창룡대로 236-54(우만동) 봉녕사
봉선사불교대학 070-8802-1953/031-527-5974
12001 경기도 남양주시 진접읍 봉선사길 32 봉선사
봉영사불교대학 031-571-0555
12071 경기도 남양주시 진접읍 내각2로 84-77 봉영사
안양불교대학 031-444-5935
13991 경기도 안양시 만안구 박달로 605(안양동)지장선원
용주사불교대학 031-221-2324/031-234-0040
18347 경기도 화성시 용주로 136(송산동) 용주사
자재암불교대학 031-865-4045
11307 경기도 동두천시 평화로2910번길 406-65(상봉암동) 자재암
청계사불교대학 031-426-2348
16000 경기도 의왕시 청계로 475(청계동) 청계사

화운불교대학 031-335-2576
16997 경기도 용인시 처인구 동백죽전대로 111-14
법륜사불교대학 031-332-5703
17168 경기도 용인시 처인구 원삼면 농촌파크로 126 법륜사
정심사불교문화대학 031-791-7732
13024 경기도 하남시 검단산로 124번길 92
봉국사불교대학 031-755-0329
13283 경기도 성남시 수정구 태평로 79(태평동)
묘적사불교대학 031-576-0784
12202 경기도 남양주 와부읍 수레로 661번길 174
약천불교대학 031-942-1252
10883 경기도 파주시 교하로 681번길 118

| 인천 |

경인불교대학 032-427-8400
22233 인천시 남구 매소홀로561번길 26-93(문학동) 수미정사
나란다불교대학 032-434-9930
21573 인천시 남동구 성말로13번길 56(구월동) 인천불교회관
인천불교대학 032-577-5108
22806 인천시 서구 원적로 163-22(가좌동) 법명사
전등사불교대학 032-937-0025
23050 인천시 강화군 길상면 전등사로 37-41 전등사
영응사선재불교대학 032-567-5277
22711 인천시 서구 심곡로 124번길 14 (심곡동) 영응사

| 강원 |

강릉불교대학 033-643-2985
25540 강원도 강릉시 금성로 28-2(금학동) 관음사

동해불교대학 033-534-7661
25746 강원도 동해시 삼화로 584 삼화사
신흥사불교대학 033-638-4807 033-635-0106
24821 강원도 속초시 번영로179번길 10(영랑동) 원각사
원주불교대학 033-746-0248
26328 강원도 원주시 봉산1길 19-11(봉산동) 보문사
월인불교대학 033-436-6624
25152 강원도 홍천군 동면 수타사로 473 수타사
청평사불교대학 033-244-1095
24246 강원도 춘천시 중앙로 184
용연불교대학 033-647-1234
25438 강원도 강릉시 사천면 중앙서로 961 용연사

| 충남 |

각원사불교대학 041-561-3545
31066 충청남도 천안시 동남구 각원사길 245 (안서동) 각원사
마곡불교대학 041-841-6221
32520 충청남도 공주시 사곡면 마곡사로 966 마곡사
보문사불교대학 041-545-6531
31450 충청남도 아산시 염치읍 송곡길176 보문사
서광불교대학 041-664-2002
31970 충청남도 서산시 부춘산1로 44(읍내동) 서광사
세원사불교대학 041-934-1434
33416 충청남도 보령시 주교면 게리궁아난길 56-33 세원사
수덕사불교대학 041-330-7789
32409 충청남도 예산군 덕산면 수덕사안길 79(사천리) 수덕사
영평사불교대학 044-854-1854
30054 세종특별시 장군면 영평사길 124

| 대전 |

대전불교대학 042-222-3315
34862 대전시 중구 보문로291번길 24(선화동) 만불선원
백제불교문화대학 042-471-8214 042-471-5547
35235 대전시 서구 계룡로491번길 56 (둔산동) 웅진빌딩 3층
통도사대전불교대학 042-531-1332
34880 대전시 중구 동서대로 1191(태평동)
수덕사대전불교대학 042-222-1159
34917 대전시 중구 대흥로 111번길 17(대흥동) 정수사

| 충북 |

법주사불교대학 043-542-4200
28941 충청북도 보은군 보은읍 동광길 4 보은포교당
석종사불교대학 043-854-4505
27488 충청북도 충주시 직동길 271-56(직동) 석종사
중원불교대학 043-745-7788
29146 충청북도 영동군 영동읍 영동시장1길 41
직지불교대학 070-7675-1080
28537 충청북도 청주시 상당구 상당로 187
청주불교문화대학 043-256-6254
28512 충청북도 청주시 청원구 우암산로158 관음사
충북불교대학 043-273-2159
28550 충청북도 청주시 서원구 무심서로 565(사직동) 용화사

| 부산 |

고심정사불교대학 051-464-8450
48930 부산시 중구 대청로135번길 20(중앙동4가) 고심정사
내원불교대학 051-242-0691
49200 부산시 서구 엄광산로40번길(서대신동3가) 내원정사

부 록

로터스불교대학 051-853-8539
47542 부산시 연제구 중앙대로 1043(연산동)부산불교신도회관
범어사금정불교대학 051-866-7277
47213 부산시 부산진구 중앙대로 913 불교회관 5층
법계사불교문화대학 051-711-0700
47258 부산시 부산진구 가야대로 749-1 신동아오피스텔 5층
불지불교대학 051-816-2241
47253 부산시진구 부전로140번길 25(부전동)
성원서면주차빌딩통도사부산포교원불지사 여래사불교대학 051-466-4080
48793 부산시 동구 고관로 67 대성빌딩 3층 (수정동)
여여불교대학 010-3564-3284
47591 부산시 연제구 쌍미천로47번길 51(연산동) 여여불교대학
영주암불교대학 051-754-2210
48200 부산시 수영구 망미배산로76번나길 15 (망미동)
원각불교교육대학 051-752-6624
48283 부산시 수영구 민락수변로 9-1(민락동)한민프라자 6층
인과불교대학 051-704-0332
48108 부산시 해운대구 좌동로 152(좌동) 신도시시장 4층 부처님마을
홍법불교대학 051-508-0345
46206 부산시 금정구 두구로33번길 202(두구동) 홍법사

| 울산 |

백양사불교대학 052-243-8712
44422 울산시 중구 백양로 67 (성안동)
여여불교문화대학 052-267-0108
44667 울산시 남구 문수로 488(신정동) c1020빌딩 8층 여여선원
정토불교대학 052-258-9944
44642 울산시 남구 문수로217번길 15(옥동) 정토사

불교공부 마음공부

지장정사불교대학 052)256-3552
44625 울산시 남구 봉월로 137번길 28 지장정사
황룡사불교대학 052-211-1949
44523 울산시 중구 옥교로 1 황룡사불교대학

| 대구 |

경북불교대학 053-792-1353
42288 대구시 수성구 욱수길 46-13(욱수동) 불광사
관오불교대학 053-472-0108
42431 대구시 남구 이천로26길 9(이천동) 관오사
대구불교대학 053-256-3725
41967 대구시 중구 문우관길 65(남산동) 보현사
마하야나불교대학 053-629-0408
42410 대구시 남구 중앙대로51길 11(대명동) 불교대구회관 5층
법왕불교대학 053-766-3747
42222 대구시 수성구 파동로51길 104(파동) 법왕사
한국불교대학 053-474-8228
42445 대구시 남구 중앙대로 126(봉덕동) 대관음사

| 경북 |

구미불교대학 054-453-0571
39207 경상북도 구미시 봉곡로20길 5-12(봉곡동) 화엄탑사
김천불교대학 054-429-1700~2
39565 경상북도 김천시 대항면 직지사길 95 직지사
남화사불교대학 054-452-6568
39307 경상북도 구미시 선기로3길 38-37(남통동) 남화사
문경불교대학 010-3776-2476
36981 경상북도 문경시 시청2길 17 불교회관

보경사불교대학 054-262-1117
37509 경상북도 포항시 북구 송라면 보경로 523 보경사
불국사불교대학 054-746-2211
38132 경상북도 경주시 금성로 440(성건동) 불국사문화회관
대원불교대학 054-858-2630
36691 경상북도 안동시 서동문로 141(목성동) 대원사
예천불교대학 054-654-0682
36819 경상북도 예천군 예천읍 충효로 424-23
은해사불교대학 054-335-3318
38866 경상북도 영천시 청통면 청통로 951 은해사
축서사불교대학 054-672-7578,9
36201 경상북도 봉화군 물야면 월계길 739 축서사
의성불교대학 054)833-2938
37339 경상북도 의성군 의성읍 중리안길 16 관음사
은해사청송불교대학 054)873-2305
37429 경상북도 청송군 청송읍 중앙로 267-11 청송포교당
포항불교대학 054-247-4688
37686 경상북도 포항시 북구 탑산길10번길 11-4 죽림사

| 경남 |

경남불교대학 055-266-8150
51515 경상남도 창원시 성산구 용지로 96 하이페르 14층
구룡사불교대학 055-294-3279
51189 경상남도 창원시 의창구 천주로56번길 31-1(소답동) 구룡사
대광불교대학 055-545-9595
51578 경상남도 창원시 진해구 진해대로 303 대광사
성주사불교대학 055-262-0108
51542 경상남도 창원시 성산구 곰절길 191(천선동) 성주사

도성암불교대학 055-533-2073
50334 경상남도 창녕군 창녕읍 자하곡길147(송현리) 도성암
밀양불교대학 055-354-4464
50443 경상남도 밀양시 용두로 31-8(가곡동) 용궁사
봉림불교대학 055-237-2266
51145 경상남도 창원시 의창구 봉곡로93번길 39-1(봉림동) 봉림사
불지수다라불교대학 055-262-6663,5
51445 경상남도 창원시 의창구 원이대로663(신월동) 은아아파트 불지사
비사벌불교대학 055-533-2295
50330 경상남도 창녕군 창녕읍 신당2길 4-3, 통도사창녕포교당
영축불교대학 055-242-8393
51282 경상남도 창원시 마산합포구 몽고정길 47(부림동) 정법사
진불선원 선불교대학 055-275-3222
51429 경상남도 창원시 의창구 용호로 112(용호동)진불선원
진주불교대학 055-759-1080
52795 경상남도 진주시 동진로 148(상대동) 3층
정종사불교대학 055-336-6867
50541 경상남도 양산시 평산동 1040 정종사
통도사불교대학 055-382-7182
50501 경상남도 양산시 하북면 통도사로 108 통도사
통도사전법회관불교대학 055-387-0108
50600 경상남도 양산시 물금읍 목화5길 12
해인사불교문화대학 055-934-3110
50200 경상남도 합천군 가야면 해인사길122 해인사
쌍계사진감불교대학 055)883-1901~2
52302 경상남도 하동군 화개면 쌍계사길 59 쌍계사

부록

| 전남 |

강진불교대학 010-3043-2161
59228 전라남도 강진군 강진읍 영랑생가길 20-2 룸비니어린이집 2층
목포불교대학 061-285-0576
58747 전라남도 목포시 평화로101번길 11, 대성빌딩 3층
삼호불교대학 061-461-1212
58462 전라남도 영암군 삼호읍 신항로135-41(용당리) 축성암
영암불교대학 061-473-5122
58434 전라남도 영암군 군서면 도갑사로 306 도갑사
완도불교문화대학 061-554-2634
59124 전라남도 완도군 완도읍 청해진남로 101-1 신흥사
해남불교대학 061-534-5502 061-534-3555
59047 전라남도 해남군 삼산면 대흥사길 400 대흥사
불일불교대학 061-755-0107 010-5344-3029
57913 전라남도 순천시 송광면 송광사안길 100
화엄사선재불교대학 061)783-7600
57616 전라남도 구례군 마산면 화엄사로 539 화엄사

| 광주 |

광주불교대학 062-375-7633
61998 광주시 서구 마륵복개로150번길 22(치령동) 향림사
광주불교문화대학 062-228-9098 062-234-6601
61475 광주시 동구 중앙로 202 현대예식장 3층
무각사불교대학 062-383-0108
61965 광주시 서구 운천로230 무각사
선덕사무등불교대학 062-263-4660
61410 광주시 동구 밤실로 136번길 8-21
고불총림 광주 관음사불교대학 062)223-7666
61480 광주시 동구 충장로 46번길 7(충장로4가) 관음사

불교공부 마음공부

| 전북 |

남원불교대학 010-3672-1250
55759 전라북도 남원시 용성로 151(도통동) 선원사
이리불교대학 063-842-6652
54601 전라북도 익산시 평동로9길 72(갈산동) 관음사
정읍불교대학 063-536-8741
56199 전라북도 정읍시 내장산로1253 (내장동) 내장사
참좋은우리절불교대학 063-236-6633
55075 전라북도 전주시 완산구 쑥고개로 196-154(삼천동3가)참좋은우리절
화엄불교대학 063-277-3497
54933 전라북도 전주시 덕진구 가리내로 42-13(금암동) 전북불교회관

| 제주 |

서귀포불교대학 064-733-8882
63579 제주특별자치도 서귀포시 중산간동로 7980 (동홍동)
제주불교문화대학 064-724-6830
63244 제주특별자치도 제주시 산록북로 660(아라일동) 관음사

| USA |

해외 LA불교대학 1-213-842-6351
3434 W. 6th St. #400-A Los Angeles, CA 90020

| 포교원 |

대한불교조계종디지털대학 070-8680-9288
04617 서울시 중구 동호로24길 27-17(장충동2가) 우리와함께빌딩5층
불교상담대학 02-737-7378
03144 서울시 종로구 우정국로 55-4 3층
대한불교교사대학 051-852-0852
46328 부산시 금정구 반송로 357 사) 동련

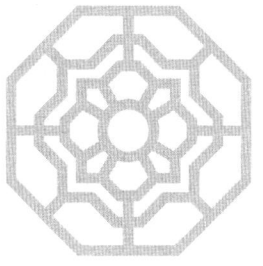

국립중앙도서관 출판예정도서목록(CIP)

불교공부 마음공부
:법공 스님이 들려주는 불교이야기
지은이: 김화 법공. [서울] : 코레드 디자인, 2019
342p. ; 15cm x 22.4cm

권말부록: 극락왕생을 기원하는 진언
; 한국 불교사 연대표 ; 전국불교대학주소록
"한국 불교사 연대표" 수록
ISBN 979-11-963887-9-9 03220 : ₩16000

불교[佛敎]

220-KDC6
294.3-DDC23   CIP2019002675

불교공부 마음공부

법공 스님이 들려주는 불교이야기

발 행 일 : 2019년 1월 31일
지 은 이 : 김화 법공
펴 낸 곳 : 코레드 디자인 (02-2266-0751)
기   획 : 한국불교청소년문화진흥원
전자주소 : kbm0747@hanmail.net

ISBN 979-11-963887-9-9

값 16,000원

*파본은 교환하여 드립니다.

깊은 물은 소리 내지 않는다

얕은 물은 소리 내어 흐르지만,
깊은 물은 소리를 내지 않는다.
모자라는 것은 소리를 내지만
가득 찬 것은 소리 내지 않고 고요하다.
어리석은 자는 반쯤 물을 채운 항아리 같고,
지혜로운 자는 물이 가득 찬 연못과 같다.

- 숫타니파타